京华通览

西山永定河文化带

主编／段柄仁

三山五园

张宝章／著

北京出版集团公司
北京出版社

图书在版编目（CIP）数据

三山五园 / 张宝章著 . — 北京：北京出版社，2018.8

（京华通览 / 段柄仁主编）

ISBN 978-7-200-13853-5

Ⅰ. ①三… Ⅱ. ①张… Ⅲ. ①山—介绍—北京②古典园林—介绍—北京 Ⅳ. ① K928.3 ② K928.73

中国版本图书馆 CIP 数据核字（2018）第 017247 号

出 版 人	曲　仲
策　　划	安　东　于　虹
项目统筹	董拯民　孙　菁
责任编辑	董拯民　沈　方
封面设计	田　晗
版式设计	云伊若水
责任印制	燕雨萌

"京华通览"丛书在出版过程中，使用了部分出版物及网站的图片资料，在此谨向有关资料的提供者致以衷心的感谢。因部分图片的作者难以联系，敬请本丛书所用图片的版权所有者与北京出版集团公司联系。

京华通览
三山五园
SANSHAN WUYUAN
张宝章　著

*

北京出版集团公司
北京出版社　　　出版
（北京北三环中路6号）
邮政编码：100120

网　　址：www.bph.com.cn
北京出版集团公司总发行
新 华 书 店 经 销
天津画中画印刷有限公司印刷

*

880 毫米 ×1230 毫米　32 开本　8.625 印张　178 千字
2018 年 8 月第 1 版　2022 年 11 月第 3 次印刷
ISBN 978-7-200-13853-5
定价：45.00 元

如有印装质量问题，由本社负责调换
质量监督电话：010-58572393

《京华通览》编纂委员会

主　任　段柄仁
副主任　陈　玲　曲　仲
成　员　(按姓氏笔画排序)
　　　　于　虹　王来水　安　东　运子微
　　　　杨良志　张恒彬　周　浩　侯宏兴
主　编　段柄仁
副主编　谭烈飞

《京华通览》编辑部

主　任　安　东
副主任　于　虹　董拯民
成　员　(按姓氏笔画排序)
　　　　王　岩　白　珍　孙　菁　李更鑫
　　　　潘惠楼

清人绘五园图

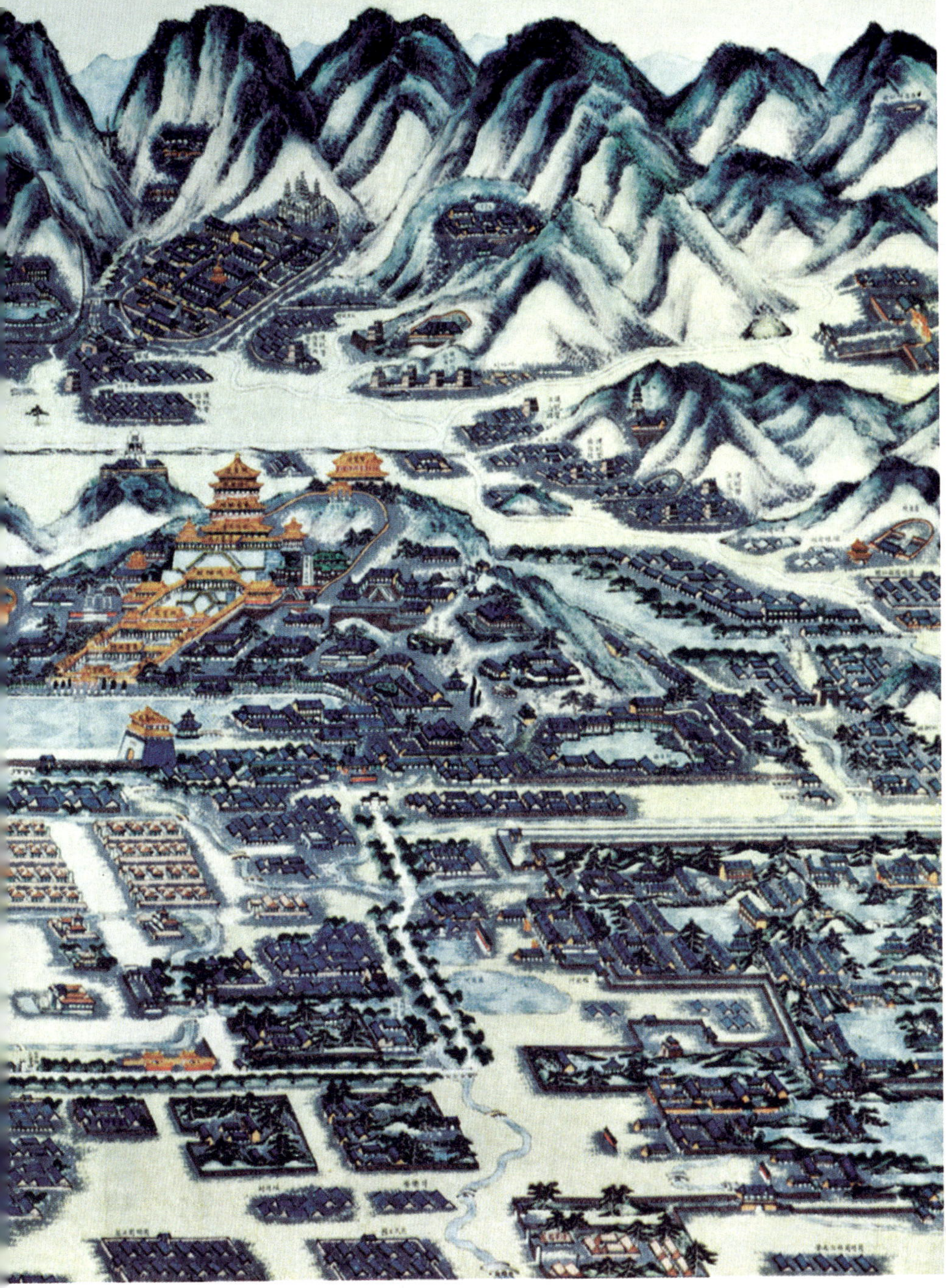

序

PREFACE

擦亮北京"金名片"

段柄仁

北京是中华民族的一张"金名片"。"金"在何处？可以用四句话描述：历史悠久、山河壮美、文化璀璨、地位独特。

展开一点说，这个区域在70万年前就有远古人类生存聚集，是一处人类发祥之地。据考古发掘，在房山区周口店一带，出土远古居民的头盖骨，被定名为"北京人"。这个区域也是人类都市文明发育较早，影响广泛深远之地。据历史记载，早在3000年前，就形成了燕、蓟两个方国之都，之后又多次作为诸侯国都、割据势力之都；元代作为全国政治中心，修筑了雄伟壮丽、举世瞩目的元大都；明代以此为基础进行了改造重建，形成了今天北京城的大格局；清代仍以此为首都。北京作为大都会，其文明引领全国，影响世界，被国外专家称为"世界奇观""在地球表面上，人类最伟大的个体工程"。

北京人文的久远历史，生生不息的发展，与其山河壮美、宜生宜长的自然环境紧密相连。她坐落在华北大平原北缘，"左环沧海，右拥太行，南襟河济，北枕居庸""龙蟠虎踞，形势雄伟，南控江淮，北连朔漠"。是我国三大地理单元——华北大平原、东北大平原、蒙古高原的交汇之处，是南北通衢的纽带，东西连接的龙头，东北亚环渤海地区的中心。这块得天独厚的地域，不仅极具区位优势，而且环境宜人，气候温和，四季分明。在高山峻岭之下，有广阔的丘陵、缓坡和平川沃土，永定河、潮白河、拒马河、温榆河和蓟运河五大水系纵横交错，如血脉遍布大地，使其顺理成章地成为人类祖居、中华帝都、中华人民共和国首都。

这块风水宝地和久远的人文历史，催生并积聚了令人垂羡的灿烂文化。文物古迹星罗棋布，不少是人类文明的顶尖之作，已有1000余项被确定为文物保护单位。周口店遗址、明清皇宫、八达岭长城、天坛、颐和园、明清帝王陵和大运河被列入世界文化遗产名录，60余项被列为全国重点文物保护单位，220余项被列为市级文物保护单位，40片历史文化街区，加上环绕城市核心区的大运河文化带、长城文化带、西山永定河文化带和诸多的历史建筑、名镇名村、非物质文化遗产，以及数万种留存至今的历史典籍、志鉴档册、文物文化资料，《红楼梦》、"京剧"等文学艺术明珠，早已成为传承历史文明、启迪人们智慧、滋养人们心灵的瑰宝。

中华人民共和国成立后，北京发生了深刻的变化。作为国家首都的独特地位，使这座古老的城市，成为全国现代化建设的领头雁。新的《北京城市总体规划（2016年—2035年）》的制定和中共中央、国务院的批复，确定了北京是全国政治中心、文化中心、国际交往中心、科技创新中心的性质和建设国际一流的和谐宜居之都的目标，大大增加了这块"金名片"的含金量。

伴随国际局势的深刻变化，世界经济重心已逐步向亚太地区转移，而亚太地区发展最快的是东北亚的环渤海地区、这块地区的京津冀地区，而北京正是这个地区的核心，建设以北京为核心的世界级城市群，已被列入实现"两个一百年"奋斗目标、中国梦的国家战略。这就又把北京推向了中国特色社会主义新时代谱写现代化新征程壮丽篇章的引领示范地位，也预示了这块热土必将更加辉煌的前景。

北京这张"金名片"，如何精心保护，细心擦拭，全面展示其风貌，尽力挖掘其能量，使之永续发展，永放光彩并更加明亮？这是摆在北京人面前的一项历史性使命，一项应自觉承担且不可替代的职责，需要做整体性、多方面的努力。但保护、擦拭、展示、挖掘的前提是对它的全面认识，只有认识，才会珍惜，才能热爱，才可能尽心尽力、尽职尽责，创造性完成这项释能放光的事业。而解决认识问题，必须做大量的基础文化建设和知识普及工作。近些年北京市有关部门在这方面做了大量工作，先后出版了《北京通史》（10卷本）、《北京百科全书》（20卷本），各类志书近900种，以及多种年鉴、专著和资料汇编，等等，为擦亮北京这张"金名片"做了可贵的基础性贡献。但是这些著述，大多是服务于专业单位、党政领导部门和教学科研人员。如何使其承载的知识进一步普及化、大众化，出版面向更大范围的群众的读物，是当前急需弥补的弱项。为此我们启动了《京华通览》系列丛书的编写，采取简约、通俗、方便阅读的方法，从有关北京历史文化的大量书籍资料中，特别是卷帙浩繁的地方志书中，精选当前广大群众需要的知识，尽可能满足北京人以及关注北京的国内外朋友进一步了解北京的历史与现状、性质与功能、特点与亮点的需求，以达到"知北京、爱北京，合力共建美好北京"的目的。

这套丛书的内容紧紧围绕北京是全国的政治、文化、国际交往和科技创新四个中心，涵盖北京的自然环境、经济、政治、文化、社会等各方面的知识，但重点是北京的深厚灿烂的文化。突出安排了"历史文化名城""西山永定河文化带""大运河文化带""长城文化带"四个系列内容。资料大部分是取自新编北京志并进行压缩、修订、补充、改编。也有从已出版的北京历史文化读物中优选改编和针对一些重要内容弥补缺失而专门组织的创作。作品的作者大多是在北京志书编纂中捉刀实干的骨干人物和在北京史志领域著述颇丰的知名专家。尹钧科、谭烈飞、吴文涛、张宝章、郗志群、姚安、马建农、王之鸿等，都有作品奉献。从这个意义上说，这套丛书中，不少作品也可称"大家小书"。

总之，擦亮北京"金名片"，就是使蕴藏于文明古都丰富多彩的优秀历史文化活起来，充满时代精神和首都特色的社会主义创新文化强起来，进一步展现其真善美，释放其精气神，提高其含金量。

2017年11月

目录

CONTENTS

话说三山五园

畅春园记盛

康熙帝建成畅春园 / 20

在清华园的基础上修建御园 / 20

一座山环水抱的水景园 / 21

别具特色的花木配置 / 21

造园艺术家 / 25

雷发达、雷金玉父子 / 25

张涟、张然父子 / 26

叶洮 / 27

景观概貌 / 28

中路建筑景观 / 28

东路建筑景观 / 32

西路建筑景观 / 35

寺院庙宇 / 39

发生在畅春园的大事 / 41

争夺储位事件 / 43

畅春园门前千叟宴 / 46

玄烨在畅春园病逝 / 48

附园西花园 / 50

康熙年间的西花园 / 50

乾隆年间的西花园 / 52

衰落与现状 / 54

畅春园的闲置与衰落 / 54

畅春园焚毁与遗址现状 / 56

圆明园记盛

圆明园始建 / 61

康熙帝皇四子胤禛赐园圆明园 / 61

雍正帝御园圆明园 / 63

乾隆帝修建圆明园 / 65

发生在圆明园中的大事 / 76

乾隆帝乐善堂读书、交友 / 76

雍正帝病逝 / 79

乾隆帝常驻圆明园 / 83

新春节庆活动 / 87

　　　　　　　　　　　　隆重靡费的万寿庆典 / 93

　　　　　　　　　　　　香妃安居西洋楼 / 98

　　　　　　　　　　圆明五园 / 102

　　　　　　　　　　圆明三园及御园被焚 / 105

万寿山清漪园记盛　　乾隆帝建成万寿山清漪园 / 108

　　　　　　　　　　　　清代以前的万寿山 / 108

　　　　　　　　　　　　乾隆帝修建清漪园 / 114

　　　　　　　　　　景观概貌 / 121

　　　　　　　　　　　　宫廷生活区 / 122

　　　　　　　　　　　　万寿山景区 / 128

　　　　　　　　　　　　昆明湖景区 / 143

　　　　　　　　　　焚毁与重建 / 154

玉泉山静明园记盛　　清代建成玉泉山静明园 / 158

　　　　　　　　　　　　康熙帝建成澄心园 / 158

　　　　　　　　　　　　乾隆帝建成静明圆 / 160

　　　　　　　　　　景观概貌 / 162

　　　　　　　　　　　　玉泉山的泉水和水景观 / 163

　　　　　　　　　　　　寺庙和宝塔 / 177

　　　　　　　　　　　　宗教山洞 / 184

　　　　　　　　　　乾隆帝游赏静明园 / 193

　　　　　　　　　　乾隆以后的静明园 / 197

香山静宜园记盛

乾隆帝建成香山静宜园 / 205

    康熙帝修建香山行宫 / 206

    静宜园二十八景建成 / 207

景观概貌 / 209

    行宫别苑 / 209

    佛教寺庙 / 216

    山水景观 / 224

    赏景佳地 / 229

静宜园中的社会活动 / 237

    重要的政治活动 / 237

    重大军事活动 / 243

    几件宗教活动 / 246

    问农观稼和祈雨 / 250

    文艺创作和文化活动 / 253

清代以后的静宜园 / 255

后　记 / 257

话说三山五园

北京古典园林的精华，集中在西郊海淀一带。这里有以"三山五园"（畅春园、圆明园、香山静宜园、玉泉山静明园、万寿山清漪园）为中心的皇家园林、皇家赐园、私家园林以及寺庙园林。其中，广为人知的著名园林也有二三十座。深入地认识京西海淀园林，对学习中国古代历史和传统文化，更好地将北京建设成为世界城市、宜居城市，具有重要的现实意义。

历史概观

京郊海淀西山一带，在历史上就是著名的风景旅游地区，不但吸引了无数百姓和文人墨客，而且是历代帝王游豫之地。在八百多年前，金章宗完颜璟在香山、玉泉山修建了行宫，还在这里建成了西山八大水院。其中黄普寺圣水院、妙高峰香水院、大觉寺清水院、金仙庵金水院、香山潭水院和玉泉山泉水院,都位于今海淀区范围。

明代北京西郊最著名的园林,要数清华园和勺园。清华园位于海淀村西北,占地广阔,是明万历皇帝外祖父、武清侯李伟的私家园林,被称为"李戚畹园"。此园规模宏伟,建筑华丽,是京城首屈一指的私人花园别墅。勺园位于清华园东邻,是太仆寺卿、书画家米万钟自己设计修建的精品园林。园域不及百亩,却幽雅深邃,曲折迷离,达到当时造园艺术的高峰。当朝大学士叶向高评论说:"李园壮丽,米园曲折。米园不俗,李园不酸。"明代北京西郊还有万驸马白石庄以及极乐寺、卧佛寺、碧云寺等园林景观。

清代京西园林的修建达到了历史的高峰,最具代表性的就是"三山五园"的修建。清代在北京建都后,统治者很不适应紫禁城内封闭枯燥和盛夏溽暑的生活,由于民族的、社会的、文化的原因,顺治帝便在京城南郊明代旧苑南海子修建了"南苑行宫",在那里休憩、渔猎和演练骑射。康熙帝早期郊游地点也在南苑,但从康熙十四年(1675年)起开始到西郊活动,并于康熙十六年(1677年)修建了香山行宫,十九年(1680年)修建了玉泉山行宫澄心园,后更名静明园。康熙二十六年(1687年),玄烨在李伟清华园的基础上建成畅春园,作为他常年驻跸并"避喧听政"的御园,不久又建成了畅春园的附园西花园和位于巴沟村的圣化寺行宫。

为了方便群臣就近进御园朝见皇帝,处理政事,玄烨将御园周围土地赐予朝廷重臣和成年皇子，便形成了兴建京西园林的第一个高潮。

最先在京西建园的是几位大学士和玄烨的兄长福全。康熙二十六年，皇亲国戚大学士佟国维在畅春园东侧建成佟氏园，大学士明珠在御园西侧建成自怡园，大学士索额图在御园北侧建成索戚畹园，皇兄裕亲王福全在御园东北方建成莺辉园。玄烨将已经损毁的勺园改建成宏雅园，让翰林们居住，是为翰林院公所。

在康熙二十九年（1690年）以后，玄烨陆续在畅春园周围为年长的九位皇子修建赐园。皇太子允礽常年住在西花园，皇长子直郡王允禔可能是迁居好山园。康熙四十六年（1707年），又有七位皇子从西花园迁出，皇三子诚亲王允祉住在熙春园，皇四子雍亲王胤禛住在圆明园，皇九子贝勒允禟住在彩霞园，等等。

雍正年间，胤禛将圆明园扩建成三千多亩的御园，并在此召见群臣，处理朝政。他最为信任和依靠的三位亲王兄弟都有赐园，十三弟怡亲王允祥住进莺辉园，更名交辉园；十六弟庄亲王允禄住进熙春园，更名云锦园；为十七弟果亲王允礼在圆明园西南隅修建了赐园自得园。

乾隆年间，出现了第二个也是空前绝后的京西造园高潮，全面完成了"三山五园"的建设。乾隆七至九年，建成了"圆明园四十景"，后又有廓然大公、文源阁等多项续建；十至十二年建成长春园，后又有西洋楼、狮子林等多项续建；三十四年修建并命名绮春园（此园在嘉庆年间建成）；后又将熙春园和春熙院划归圆明园，合并号称"圆明五园"。乾隆十至十一年，在香山行宫的基础上建成二十八景，赐名静宜园。十五至十八年，在玉泉山静明园基础上扩建成十六景，后又有妙高寺、圣缘寺、涵漪斋等续建工程。十四至十九年，基本建成万寿山清漪园，后又有须弥灵境、苏州街、耕织图等续建工程，到二十九年全部建成。

除三山五园以外，还在乾隆十六年前重修和新建了长河沿岸的乐善园、倚虹堂行宫、紫竹院行宫以及万寿寺和五塔寺的行宫院。三十一至三十二年在万泉庄建成了泉宗庙行宫。三十九至四十一年，在玉渊潭畔建成钓鱼台行宫。此外，还在碧云寺、卧佛寺、大觉寺等皇家寺院修建了行宫院。

"三山五园"全面建成后，京西皇家园林集群的社会实用功能得到全面整合与完善。从地域上看，遍布方圆几十里的皇家园林连成一片，成为一个有机的完整体系。不仅圆明园与畅春园、清漪园、静明园的地域紧密连接，大致可以互通舟楫，静宜园与静明园也有流泉可以相通。从园林景观上看，清漪园的知春亭岛与玉泉山主峰定光塔、香山静宜园宫廷区，形成一条轴线，往东延伸汇于圆明、畅春二园南北轴线的中心点。从玉泉山俯瞰，东部三园鼎足而成稳定均衡的构图，而西部三山成为东部两园的借景的主题。站在香山鬼见愁远眺，山峰矗立的宝塔杰阁、山腰平地和明湖中洒落的楼榭亭桥，高低错落、雄伟精雅、色彩鲜妍、辽阔壮观，是何等辉煌瑰丽的一幅山水画卷！从皇家园林的功能上看，京西皇家园囿的理政、居住、休闲、游览功能的社会实用价值倍加完善。畅春园是弘历供养生母孝圣皇太后寝居的"太后园"。圆明园是起着皇宫大内作用、供皇帝上朝和寝居的"御园"。

三山园囿是三座行宫,清漪、静明二园临近御园,皇帝只在那里赏景、理事和进膳,从不过夜留宿,即是一日游的"后花园";静宜园距离较远,一去便是三五日,那里的寝居生活和理政的设施比较完备。正因为如此,康雍乾几代皇帝都把京西皇家园林作为居住生活和上朝听政的主要场所。在乾隆年间,除上述皇帝居住游赏的皇家园林外,京西还有数十座王公大臣赐园和私家园林,遍布在山间水畔和广阔的原野上。

成园说要

京城西郊的园林建设,在康熙乾隆时期出现了一个空前绝后的高潮,有其深刻的社会历史原因。其客观和主观条件各有两个方面。

(一)客观条件,一是京西海淀香山一带有优越的自然地理环境,包括峻峭秀美的西山和众多充沛的泉水。西山是太行山余脉,蜿蜒逶迤,像一道绿色的屏障横在京城的西北,既挡住了朔风的严寒,又形成了朱碧树海和皑皑雪峰。西山最高峰鬼见愁和突出平原的两座断山——玉泉山和万寿山,成为距京城最近的驰名山地景观。西山道道峡谷和广阔平原上到处都是随地涌泉,水量丰盈,四季不竭。"香山遍地泉,大小七十眼",樱桃沟泉、卓锡泉、双清泉、玉乳泉、品香泉等日夜喷珠吐玉。万泉庄、巴沟一带的泉水"喷出于稻汀柳岸",涌现出"九溪十八滩"和水泡与湖塘串联的水乡景致。西山泉水流成的玉河、昆明湖、长河、玉渊潭和万泉水流成的万泉河、丹棱沜，为营造园林提供了优越的自然地理条件，所以海淀园林大多为波光潋滟的水景园。

另一个客观条件是，康熙乾隆年间社会稳定，经济发展，国帑富裕，有足够的资金进行持久的、大规模的园林建设。从康熙年间开始，就确立了"重农恤商"的基本国策，采取了一系列奖励农耕的政策，致使生产恢复、经济发展、国家财力充足，库存帑银达到五千余万两。雍正年间这一经济发展势头继续得到保持。乾隆帝进一步确立"重农兴穑"的治国方略，移民垦荒，开发弃地，施行奖励制度，使全国耕地面积增加了约一亿亩；同时大力兴建水利工程，重视农业科学技术，改善耕作制度，减免赋税，赈济灾荒，致使粮食产量成倍增长。这一时期全国的手工业也有很大进步。多项生产事业的发展，增加了社会财富总量，商品交换相应发展，从而税收增加，国库盈余，国帑在后期增至七千余万两。乾隆帝说："当今帑藏充盈，户部核计已至七千余万。每念天地生财只有此数，自当宏敷渥泽，俾之流通而国用原有常经，毋庸更言撙节。"乾隆时的国帑主要用于军事征战、兴修水利、赈济灾荒、四出巡幸等，也有足够的资金用于建造园林、宫殿和寺庙。其用于修建园林的巨额资金，是历代朝廷所无法比拟的。

（二）主观条件也有两个。一是康熙乾隆二帝对修建园林非常重视，坚持不懈，做出了很大成绩。玄烨和弘历由于民族习惯的关系，愿意生活在较为宽松自由的郊区御苑里。玄烨常去南海子游猎和阅兵，又在西郊修建了香山行宫和玉泉山静明园，每年都在玉泉山住上一些时日。康熙二十六年（1687年）建成畅春园后，便常年驻跸于此，成为处理朝政的主要地点。雍正帝继承皇位后，也是把圆明园作为上朝问政的御园。弘历不仅延续了父祖居住御园的规制，他本人就是一位出色的造园艺术家。

弘历对京西皇家园林的建设，做出了重要的贡献。主要有以下几点：

第一，他大力挖湖浚河，兴修水利，为营造园林创造了良好的水源条件。乾隆十四年（1749年），将瓮山泊挖深扩展一倍，命名昆明湖，形成一座能蓄能排的大水库；之后又在湖西开挖了高水湖和养水湖两座附属水库。同年对长河实施清挖河槽，加固堤坝，将昆明湖水顺利导入城内的什刹海和西苑三海。乾隆二十二年（1757年），修筑香山引水石渠，将西山泉水引流入玉泉山涵漪湖，再注进昆明湖，增加了河道水量。乾隆二十九年（1764年），疏通万泉河，使巴沟和万泉庄泉水经海淀流进清河。乾隆三十七至三十九年，修挖香山引河（南旱河），疏浚北旱河，使西山洪水顺畅排泄，南流至玉渊潭，湖面也成倍扩展，湖水经出水闸流入护城河。这一系列的水利工程，在西郊形成了一个河湖水利网络，获得了很好的效益，不仅增加了京城用水，满足了京西皇家园林建设的需要，还有力地促进了海淀一带京西稻生产的发展。

第二，弘历亲自规划和主持完成了"三山五园"和几座皇苑行宫的建设。这些园林体现了弘历的指导思想和文化理念，具有高度的造园艺术水平。具体表现在许多方面，比如西郊园囿具有鲜明的皇家建筑特点，高大宏伟，气势磅礴，鲜丽华贵，材质考究；

同时也吸收了江南园林精巧雅致、舒适宜居的风韵。再如每座园林都体现着中国传统文化的丰富内涵。从景观布局、叠山理水、建筑名称、花木配置到殿内外陈设,到处都诠释着传统的文化思想和美学观念;同时也在园林设计中体现着他的"重农兴稼""重视藏传佛教"等治国方略。又如,弘历命画师在南巡时绘制的江南园林的美景佳构,创造性地移植到京西皇家园林中来,以体现他"普天之下,莫非王土"的最高统治思想,也使全国最好的园林设计建设成果在京城近畿展现和闪光,使这里成为全国最高造园艺术水平的集大成之地。

第三,弘历是一位多产诗人,他撰写了大量关于京西园林的诗文,总数近七千首。其中写畅春园诗一百二十多首,圆明园二千三百多首,香山静宜园一千三百多首,玉泉山静明园一千多首,万寿山清漪园一千五百多首,写三山五园诗约六千三百多首。其他如圣化寺和泉宗庙行宫的诗也各有一百多首。弘历的这些诗作,具有很高的历史价值和文化价值。诗中记录了一些重大的历史事件和重要的政治及军事活动,反映了那个时代的社会生活,是乾隆皇帝的诗体日记和起居注,无异于诗体传记材料。它们对研究清代历史和帝王生活,对研究京西皇家园林建设,都是可贵的第一手资料。

另一个主观条件是建园队伍的成熟。经过历朝历代长期的实践,已经积累了丰富的造园经验,造园技术达到炉火纯青的地步,而且锻炼成长起一批造园艺术家、建筑大师和五行八作的能工巧匠。

最显赫的造园艺术家是张涟、张然父子。张涟字南垣，江南华亭人，后迁居嘉兴。他是一位画家，将山水画之"理"和"意"运用于造园艺术，垒石为假山，成为叠山造园名家。明末清初我国东南一带的著名园林，多出自张涟之手。他晚年主要在北京活动，参与了一批王公宅园和皇家园林的修建。广渠门外的万柳堂、西苑南海瀛台的建设，都是张涟的杰作。他是畅春园的主要设计者和监修者。当时的历史学家戴名世在《张翁家传》中写道："畅春园之役，复召翁至，以年老赐肩舆出入，人皆荣之。事竣，复告归，卒于家。"张涟次子张然（铨侯），随父参与了修建畅春园的全过程，秉承乃父意旨具体操作和施工。时人顾图河写道："云间张铨侯工于叠石，畅春园假山皆出其手。"他还写诗赞颂"山子张"张然的高超技艺："熟读柳州山水记，才能幻出此峰峦。旁人指点夸皴法，犹作寻常画手看。马鞍山骨最玲珑，十仞摩天一线通。想到天工施手处，将无巧思与君同。"

　　著名造园艺术家叶洮，字秦川，自称"山农"，江南青浦人。叶洮是大学士明珠自怡园和大学士佟国维佟氏园的设计和监造者。玄烨的舅父兼岳丈佟国维，遵旨在畅春园东侧修建园林。佟国维在施工过程中前去视察，见园内山水亭台俱备却缺少曲折，便令停工，请来叶洮重新设计改建。叶洮改建的佟氏园完成，佟氏非常满意，请皇帝来游园，"今上每顾之，而嘉赏不置也。"（叶洮好友钱金甫《佟园记》）玄烨便将叶洮召进畅春园，负责建园工程。他对叶洮的工作很满意，经常赏赐银两和绸缎，降旨奉宸游园。叶洮于康熙三十年（1691年）请旨南归，获得皇帝俞允。

三十一年（1692年）又应诏北上，因劳累过度病逝于涿州的旅途中。玄烨闻讯，为之"悯然"，敕谕当时身为江宁织造的曹寅出资，安排叶洮的丧葬事宜，还赏赐白银四十两，抚恤其江南眷属，对去世的叶洮关怀备至。

样式雷参与了有清一代的主要皇家建筑的修建工作。样式雷是我国清代著名的建筑世家。从第一代雷发达在康熙二十二年（1683年）冬由江宁来到北京，到第七代雷廷昌在光绪末年去世，雷氏在长达二百年中为皇家进行宫殿、园林、陵寝、衙署、坛庙等设计和修建工程。因为雷氏几代人都是清廷内务府样式房的"掌案"，即被称为"样式雷""样子雷"。

关于雷发达被皇家重用，有一段"金殿封官"的传闻：康熙帝要重修太和殿，但缺少大梁，就从明皇陵拆下楠木梁柱充用。上梁那天，皇帝亲临盛典。当金梁高高举起后，就是对不准卯榫，落不下来。工部官员彼此愕然相视，惶恐失措。有位官员就让雷发达穿上官服，怀揣一把斧头攀上大梁。他挥动斧头猛击几下，大梁便落下位来，上梁成功。仪式结束，玄烨非常高兴，当面召见雷发达，敕封为内务府总理钦工处"掌班"。当时人们就口传着一首歌谣"上有鲁班，下有掌班。紫薇照命，金殿封官。"

雷发达、雷金玉父子应诏来到北京，投充包衣旗籍，在海淀镇槐树街安家落户，参加了修建畅春园的工程，主要负责楠木作事务。雷金玉在正殿九经三事殿上梁工程中表现优异，被皇上召见，钦赐内务府总理钦工处掌案，并赏给七品官爵，食七品俸禄。他在建园中担负起指挥的任务，为畅春园的修建做出了重要贡献。

在以后雍正年间扩建圆明园的过程中，雷金玉继续充任样式房掌案，设计制作殿堂和园庭的修建方案，绘制画样和烫样，指导施工，受到雍正帝的特殊褒奖，命皇子弘历（即后来的乾隆帝）亲笔题写"古稀"二字，赏赐给年届七十的雷金玉。雷金玉将御赐匾额运回故乡，供奉悬挂于祖居大堂。

雷金玉以后的雷氏传人是：第三代雷声澂，第四代雷家玮、雷家玺、雷家瑞，第五代雷景修，第六代雷思起，第七代雷廷昌。

由于资料缺乏，样式雷在乾嘉年间修建京西园林的情况知之甚少。雷家玺在乾隆五十七年（1792年）承担了部分修建清漪园、静明园、静宜园的工程，又承办乾隆六十万寿御道点景楼台工程。嘉庆年间又承值圆明园东路及同乐园有关工程。此后，雷思起、雷廷昌父子还承办了同治年间重修圆明园和光绪年间重建颐和园的工程。

"一家样式雷，半部古建史"是当今建筑学界对样式雷世家的崇高评价。由样式雷设计修建、存留至今的清代皇家建筑和园林有故宫、天坛、颐和园、避暑山庄、清东陵、清西陵等，被联合国教科文组织列为世界文化遗产。

如今由国家图书馆、故宫博物院和国家第一历史档案馆等单位保存的样式雷图文档案史科，约有两万余件。主要是建筑设计图纸（画样）和建筑模型（烫样），还有大量的往来文书、施工记录、书信和私家账簿等。这些史料遗存，是研究中国古代建筑史、园林史、清代历史和样式雷生平事业成就的第一手资料，还是修复和重建清代皇家园林、宫殿、坛庙、陵寝、衙署和府邸的最可靠最真实的依据，也是北京城市发展规划和建设的宝贵参考资料，具有极其重要的历史价值和科学文化价值。2007年6月，联合国教科文组织会议通过样式雷图档正式入列《世界记忆名录》。

从上述情况可知，有了玉泉水和万泉水，才有了京西海淀的水景园林；有了玄烨和弘历的主持、规划和建设，才有了京西这片庞大的皇家园林集群；有了造园名家、样式雷和能工巧匠们创造性的劳动，才诞生了这些全国最高水平的中国古典园林。

损毁、被焚和重建

（一）京西园林的闲置和损毁

在嘉庆年间，嘉庆帝颙琰全面建成在圆明园的绮春园，仍沿袭乃父传统，常年驻跸圆明园并巡游三山园囿，虽然远逊于昔日的繁盛气派和热烈场面，西郊的皇家园林仍然保持着乾隆年间的基本面貌。畅春园因乾隆御旨"永为太后园"而当代并无皇太后才被闲置起来，逐渐坍塌了部分建筑。

道光年间，由于国势衰微，又在第一次鸦片战争中惨败，朝廷财政拮据，京西园林也因无力经营而逐渐衰落了。道光初年，没有财力修葺四处坍塌的畅春园，道光帝旻宁不得已违背皇祖乾隆的旨意，将绮春园改作"太后园"；同时又将圆明五园中的熙春园和春熙院赐予他的三位亲王郡王兄弟绵恺、绵忻和绵愉，御园范围就缩小了一大块。随后，道光帝停止游赏清漪园、静明园和静宜园，裁汰了三山的部分官员和服役人员，使得除圆明园以外的京西皇家园林基本都闲置起来，即使有些自然损毁也很难得到及时修葺。道光十六年（1836年）的畅春园，除玄烨理政和居住的九经三事殿建筑群、澹宁居、清溪书屋以及疏峰、观澜榭和几座寺庙外，其他大量宫殿建筑都已经倒塌并被拆除了。

到咸丰年间，虽然皇帝恢复了巡游三山园囿，咸丰帝奕詝也去奉母游湖，重阳登高，演武厅阅兵，但也不是制度性的活动了。除圆明园以外，逐渐破旧损坏的皇家园囿，不仅不能及时维修，有的反被拆毁，用这些旧料去修葺另外的园林。奕詝为修缮含芳园以赐予七弟奕譞，便差遣内务府将康熙帝寝宫清溪书屋和泉宗庙行宫的建筑木料拆下来"抵用"；旻宁为给皇六女寿恩固伦公主将承泽园扩建为春颐园，竟然占用畅春园西北隅的大片土地，修建了诸旗房和马圈。

（二）英法联军火烧圆明园，京西园林惨遭涂炭

咸丰十年（1860年），英法联军侵略者野蛮地占据、抢劫和焚毁了海淀镇和圆明园，三山五园和京西皇家赐园、私家园林大多被掠劫焚烧，成为座座废墟。侵略军撤走后，皇帝被迫到紫禁城去上朝听政，那些劫后未完全毁掉的王公朝臣赐园和私家园林，也因园主人进城上朝而长久地闲置起来，并且处于自然损毁的状态。昔日绵延数十里亭台楼榭、柳绿花红、车马喧闹的园林集群，变成了荒凉的、无人问津的废园。醇亲王奕譞曾偶来西郊，走进他的蔚秀园，那残垣断壁和劫后余灰引起他无限伤感和愤慨。他在《蔚秀园小憩感旧》诗中写道："庭院无人柿叶红，河边芦荻舞秋风。一腔慷慨悲秋意，付与苍茫落照中。……欲觅巢痕已惘

然，残山剩水剧堪怜。伤心岂为园林感，一带苍生尽倒悬。"宗室诗人宝廷来到海淀，写了一首《废园》，抒写他的悲愤之情："残荷败苇满溪湾，醉坐松根泪欲潸。寄语诗人休感慨，墙头回首见三山。"

（三）重修圆明园和重建颐和园

慈禧太后和同治帝载淳蜗居在紫禁城内上朝听政，总想重过御园中那舒适自在的生活。为了庆祝太后四十大寿，她决定重修圆明园。此次规划修建的重点是：皇帝上朝问政的正大光明殿、勤政殿，皇家祖祠安佑宫，慈禧慈安两太后的寝宫天地一家春和清夏堂，并决定将绮春园改名"万春园"。

同治十二年（1873年），皇帝颁布谕旨："重修圆明园工程在十月初八日正式开工。"但重修工程存在两大难题，一是经费难以筹措，二是缺少建筑材料。工程经费敕令"王公以下大小官员报效捐修"。但同治帝两次传旨逼捐，只有三十人总共捐银不足三十万两。缺乏砖石木料，就决定将静宜园、静明园、清漪园以及近春园等处的石料木料拆来抵用。但这些材料还不到需用的十分之一，便又敕令中南各省各采办大件木料三千件。款物筹措举步维艰，整个承修工程进展缓慢，而各级官吏请求缓修、停修的奏折不断送到朝廷。同治十三年（1874年）七月，恭亲王奕訢、醇亲王奕譞、大学士文祥等十余名亲信重臣，联名上奏，请求停修。同治帝被迫在同治十三年七月二十九日宣布："所有圆明园一切工程，均着即行停止。"

这次重修圆明园工程历时将近一年，总共支出工程费48万余两。圆明园大宫门、勤政殿、圆明园殿、同慎堂、蔚藻堂基本完工，天地一家春、清夏堂、承恩堂、奉三无私殿等，只完成了基础或修好了台基，其他殿堂除清理渣土或供梁外，基本尚未动工。慈禧太后在万春园天地一家春欢度四十大寿的打算落空了。

慈禧太后不甘心住在稍加修葺的西苑三海的殿堂，她不顾国势衰弱、经济困难，执意在清漪园的废墟上，重建新的御园，作为颐养天年之处。光绪十二年（1886年）动工，到十四年（1888年）已初具规模，正式命名"颐和园"。全部建筑到光绪二十一年（1895年）完工。

新建的颐和园基本上保持了清漪园原有的精华和风貌，但由于各种原因也与旧园有很多不同的地方。由于经费短缺，原清漪园的许多建筑景观未能重建，如景明楼、耕织图以及后山的须弥灵境和赅春园、花承阁等。而园西南部未被焚毁的治镜阁反被拆除，用这些旧料建设山前殿堂。园林的使用功能由旧时的行宫改变为御园，成为慈禧太后垂帘听政的地方，新建了正殿仁寿殿、寝宫乐寿堂；将烧香拜佛的大报恩延寿寺改建为太后接受万寿节贺礼的排云殿；将怡春堂改建为四进院落的德和园大戏楼；在大宫门内外新建了朝房和各衙门用房；在园外自得园新建了升平署和养花园等。园内很多个体建筑也改变了原来格局，进行了新的设计。全部工程结束后，总共用银五六百万两。

颐和园建成后，成为慈禧太后垂帘听政的主要场所。这就使多年不到海淀来的王公大臣们，急忙收拾西郊原来的住处，或另觅新址，以方便赴御园供职。于是西郊那几十座闲置和荒废的园林和宅园,大多经过了清整修葺和重建。虽然远逊于昔日的华贵和排场,也能勉强居住和应差了。恭亲王奕䜣重新入住朗润园,醇亲王奕譞住在蔚秀园,其他宅园还有庆亲王奕劻的承泽园,军机大臣鹿传霖的七峰别墅,大学士那桐的巴沟养年别墅,等等,连大太监李莲英也在海淀镇新建和占据了三处宅园。

光绪二十六年至二十七年(1900—1901年),颐和园又遭到八国联军的侵占、劫掠和毁坏。侵略军撤走后,光绪二十八年(1902年),朝廷又耗银四十三万两进行修复。慈禧太后在此园主持全国政务,直到光绪三十四年(1908年)去世。

清代末年,清廷将内务府管理的皇家赐园,全部赏赐给王公大臣作为私产。承泽园赏给庆亲王奕劻,蔚秀园赏给摄政王载沣,朗润园赏给载涛,集贤院赏给贝子溥伦,澄怀园赏给内务府大臣绍英,等等。与此同时,清华园、近春园改建为清华学堂;鸣鹤园、镜春园被徐世昌以租赁的名义强行占有。从此,"皇家赐园"便永远消失了。

中华民国建立后,根据《优待清室条件》,颐和园、圆明园、静明园、静宜园以及钓鱼台行宫、紫竹院行宫等昔日皇家园囿,仍属逊帝溥仪私产。直至1924年冯玉祥发动北京政变,驱逐溥仪出宫,这些皇家园林才收归民国政府所有,皇家园林全部化为公共财产。

畅春园记盛

畅春园是清代在北京西郊修建的第一座大型的皇家园林。从康熙帝这座"避喧听政"的御园开始，陆续修建了圆明园、香山静宜园、玉泉山静明园，到乾隆中叶建成万寿山清漪园，横跨数十里的"三山五园"皇家园林集群就建设成功了。海淀一带遂成为紫禁城外的又一个政治活动中心，对清代的历史产生了重要的影响。

《唐土名胜图绘》中的畅春园宫门局部

畅春园之前门

康熙帝建成畅春园

在清华园的基础上修建御园

清华园是明代李伟在海淀西北方修建的一座大型私家园林。清时的园主人显亲王得知皇上有意要在清华园的基础上修建新的御园，便将此园奉献给康熙帝。畅春园就是在清华园的旧址上修建的。一是园域范围俱仍其旧，东南北三面园墙都与旧墙一致，只是畅春园西园墙向内收缩，使整个园林占地面积减少了三四成。二是沿袭了旧园水面大于陆地的整体布局，园正中前湖和后湖成为主要水域，对旧有的假山，也是能利用的就利用和改造。三是旧园花木配置的优势也得到继承和发展。苍松翠柏继续在庭院、山坡、河畔茁壮生长，满湖莲藕，满院牡丹仍在新园里绽放。四是建筑物的总体布局仍袭旧例，甚至还有未倒塌的楼阁，加以重新修葺改造，成为具有新风格的建筑。从园林的规划格局来看，畅春园中透露着清华园明显的痕迹。但畅春园是一座全新的皇家园林，由于它特殊的实用功能，使它在总体设计、叠山理水、花木配置、建筑规格及布局等各方面，又完全不同于私家花园别墅的清华园。

一座山环水抱的水景园

畅春园的水源是玉泉水和万泉河水。畅春园的四周围墙全在万泉河水的包围环绕之中。园内河溪，除西部长河以外，还有一条沿西园墙纵贯南北的灌渠，专为灌溉庄稼之用。其他联络各个水面的溪流纵横交错，形成一个四通八达的通水网络。河湖能够行舟。玄烨经常与朝中近臣荡舟湖上，欣赏美妙的湖上风光。

畅春园中堆砌了五十余座土山，东西园墙内各有岗峰相接，逶迤回环；湖池河溪之间，高峰突兀，低冈盘桓，连绵起伏，宛转错落。这些山体起到组织风景画面，协调景物聚散，填补景区空间，衬托花木配置，造成曲径通幽，设置远望景点，以及遮挡北方风寒等作用。除去堆积土山外，畅春园还用多种名贵的江南山石叠砌了十几座假山，其中最著名的就是园东南部的剑山，怪石突兀，剑芒指天，崚嶒峭美，气势非凡。园北部竹轩西侧叠置一座假山，秀峰高耸，石壁峭立，石磴蜿蜒可通峰顶。园南部宫西小湖北岸孤岛上，有一处"莲花岩"假山，山上有亭。连通前湖与后湖小溪的两侧，有一片隔湖假山，园西北观澜榭西侧有一座挡风的假山。

别具特色的花木配置

畅春园中的花木配置具有地方特色和皇家园林的风格。园中最高耸挺拔的是苍松翠柏，栽植面积最为广阔的是荷花莲藕，品

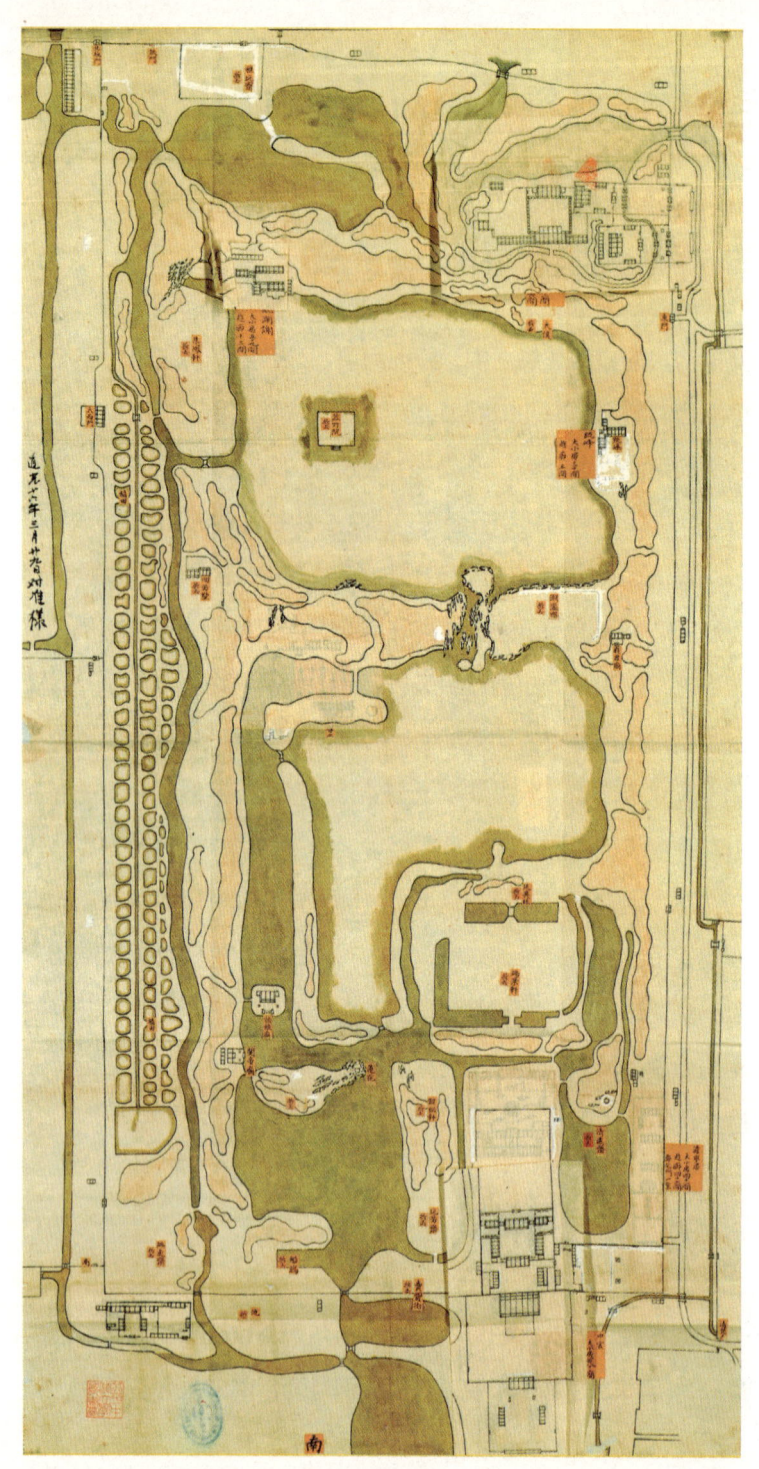

清道光《畅春园地盘形势全图》

种最多最为贵重的是牡丹，最为珍奇又味道甘美的是葡萄。

畅春园的松柏树很多生长在御园南部。一些殿堂庭院长有古松，便常以松命名。如无逸斋别院有松树和竹林，便命名"松篁深处"；中宫西边庭院和殿后土山上下，生长一片松柏树林，清风吹来发出阵阵清韵，这座斋室便命名"韵松轩"。

畅春园内水面很大，有湖水的地方就有荷花。后湖南岸的清籁亭是赏荷的最佳地点。放眼展望，满池荷花迎风摇曳，清凉拂面，荷香盈袖。前湖有"观莲所""莲花岩亭"，也都最宜于赏荷。园内还有成片的海淀特产白莲花，剑山下的远香亭是人们最乐于观赏白莲的地方。

牡丹花是富贵的象征，是清华园的传统名花。"园中牡丹多异种，以绿蝴蝶为最，开时足称花海。"畅春园的牡丹花有过之而无不及。玄烨最爱牡丹花，前湖四周、后湖西岸的牡丹花成片种植，并且间以芍药，也被称为"花海"。

畅春园后湖西岸有一个数亩大的葡萄园，培育了十个品种的葡萄。既有北京的伏地品种，也有冠以"哈密"从西北引进的品种（其实是从吐鲁番移栽过来的）。这个葡萄园是玄烨亲手培植经营的。玄烨移植西北葡萄成功，非常得意，不但自己品尝，还把十种葡萄赐予南书房的翰林们。

畅春园中花种繁多，无处无花，百花争艳，芳香四溢。玄烨曾写过一首诗《(畅春)园中无处无花,触目皆是,故作此自嘲》："无花无酒亦氤氲，况有清香到处闻。万紫千红虽瞬息，古稀吟咏忘辛勤。"畅春园中颇引人瞩目的是三道鲜花的堤坝。在前湖南部最靠近中宫东侧的是丁香堤，居中的是兰芝堤，最西边也是最长的是桃花堤。春暖花开季节，一道道丁香林、玉兰林、桃花林相继鲜花怒放，将御苑装扮成鲜花的世界。

在畅春园的西墙内，约有上百亩田地，种植的不是奇花异卉，而是水稻和蔬菜。这不是一般的稻田，而是康熙帝的"试验田"，栽种的是早御稻。玄烨写有一首七绝《早御稻》。康熙三十九年（1700年）七月，玄烨来察看御园西部的稻田，吟出一首七绝《畅春园观稻，时七月十一日也》：

　　七月紫芒五里香，近园遗种祝祯祥。

　　炎方塞北皆称瑞，稼穑天工岁乐穰。

20世纪80年代初玉泉山下的京西稻

造园艺术家

修建畅春园的总体规划设计指导思想,当然是由它的主人康熙皇帝玄烨来决定。它既不能完全脱离清华园、肃王园的原有基础,又要建成一座新型的以体现皇帝休闲避暑、颐养慈颜、劝农观稼、勤政敕几的离宫式御园。畅春园的总体格局是由玄烨决定的,但具体的宫殿、亭轩台榭的设计建造,叠山理水、架桥修路、栽花植树等等,还是要由造园高手、建筑行家、能工巧匠来一一实施,完成各类工程,建设成一座高水平的皇家园林。

雷发达、雷金玉父子

谈到宫殿园林建设,首先必须提到样式雷。样式雷是服务于清廷内务府样式房的七代雷氏传人的美称。样式房是专门负责皇家宫殿、园林、衙署、陵寝建筑的设计和监督施工机构,其头目人称"掌案"。整个清代的样式房掌案大多由几代雷氏传人充任。修建畅春园时,正是样式雷第一代雷发达和第二代雷金玉生活的时代。

雷发达父子在康熙二十二年(1683年)冬,应皇家修建宫殿园林之召,从江宁奔赴北京,并投充包衣旗籍,在海淀镇槐树街安家落户。这时，内务府营造司正从包衣三旗抽调工匠，营建海淀西北的新御苑，雷发达父子便被召进建园工匠队伍。他们是畅春园的第一批建设者。

雷发达肯定参加了御园的修建工程，但迄今未发现有关的文字记载。对雷金玉修建御园的事迹，却是具体而确凿。在海淀区四季青镇巨山村雷氏祖茔有一通"雷金玉墓碑"，阳面碑文记载："恭遇康熙年间修建海淀园庭工程，我曾祖考领楠木作工程。因正殿上梁，得蒙皇恩召见奏对，钦蒙赐内务府总理钦工处掌□（应为"案"或"班"），赏七品官，食七品俸。"由这条记载可知，雷金玉从康熙二十三年（1684年）就参加了畅春园的修建工程，主要负责楠木作事务。他在正殿九经三事殿上梁工程中的优异表现，被禀报康熙皇帝，皇帝亲自召见他，听了他关于建筑施工的奏对，非常满意，倍加赞赏，钦赐内务府总理钦工处掌班，并赏给七品官衔，食七品俸禄。

张涟、张然父子

参与畅春园修建工程的，还有清代初期杰出的园林艺术家张涟、张然父子。张涟是一位画家，将山水画之"理"和"意"运用于造园艺术，垒石为假山，成为叠山造园名家。张涟以垂老之年，参与了畅春园的修建工程。戴名世写道："畅春园之役，复召翁至，以年老赐肩舆出入，人皆荣之。事竣，复告归，卒于家。"这则记载说明，张涟参加了畅春园修建的全过程，一直到事竣完工才告老还乡。但他那时已90多岁,年老体衰,行动不便,皇帝特赐肩舆,准许他乘轿出入御园。

其实,张涟只是出些主意,遇事点拨,其余全由他的次子、著名造园艺术家张然亲自动手,施工建设。

张涟去世后,张然继续服务于内务府,前后近30年,并且子孙"世业百余年未替",人称"山石张""山子张"。顾图河在《雄雉斋选集》中写道:"云间张铨侯工于叠石,畅春园假山皆出其手。"讲出了历史的真相。

叶洮

在内务府任职供奉并参与修建畅春园的,还有当时首屈一指的造园艺术家叶洮。叶洮字秦川,又字金城,江南青浦人。叶洮在康熙二十七年(1688年)供奉内廷,康熙帝召见,叶洮遵旨绘制畅春园图。但这一史实被歪曲记载,说是叶洮奉命绘制设计图,并监造畅春园。他所绘制的是建成后的畅春园景观的表现图,而不是建园规划设计图。他的差务,是接手张然的工作,是畅春园建成使用后的整修和增建工程,是监造或新工程的设计和修建。关于此一时期叶洮的工作和生活状况,史籍也有一些珍贵的记载。《国朝松江诗钞》有载:"秦川则奉命绘畅春园图称旨,屡奉宸游,荷赐金绮。"康熙帝对叶洮的工作非常满意,经常赏赐银两和绸缎,降旨奉宸游园。叶洮离开御园南归以后,康熙帝仍然想让他继续修造和经营畅春园的山水花木,便又召赴京城。皇上闻知叶洮命丧旅途的消息，为之"悯然"，敕谕当时身为江宁织造的曹寅出资，安排叶洮的丧葬事宜，还赏赐白银40两，抚恤其江南眷属，对去世的叶洮关怀备至。

景观概貌

畅春园是一座大型的皇家园林，其建筑风格自然有其富丽堂皇的皇家气象，但也不乏淳朴淡雅的色彩。玄烨还是很强调俭朴节约原则的，他在《畅春园记》中明确表达了"永惟俭德，捐泰去雕"的意愿，说"松轩茅殿，实惟予宜；亦有朴斲，予尚念兹"。一位亲临御园的官员说畅春园"垣高不及丈，苑内绿色低迷，红英烂漫。土阜平坨，不尚奇峰怪石也。轩楹素雅，不事藻绘雕工也"。当然，畅春园毕竟是当时京郊规模最大、建筑最宏伟的第一皇家园林，其建筑景观的气派和风格给人留下了深刻的印象。

中路建筑景观

九经三事殿

走进大宫门，庭院正北即是畅春园的正殿九经三事殿，面阔五间，这是园内最为高大雄伟的单层殿堂。正面悬玄烨御书匾额，殿内有御题联语："皇建有极，敛时敷锡，而康而色；乾元下济，亏盈益谦，勉始勉终。"关于殿名的来历，九经，指的是九部儒家经典，包括《三礼》(即《周礼》《仪礼》《礼记》)，《三传》(即《左传》《公羊传》《谷梁传》)，"三经"(即《易经》《书经》《诗经》)；三事，原意是指汉代的司徒、司空、司寇，另一说典故出自《尚书·立政》："立政：任人、准夫、牧作三事。"用"九经三事"作殿名，表示这里是循经守礼、治理国政的地方。

玄烨在康熙二十六年（1687年）第一次驻跸畅春园，在九天内三次"上御畅春园内门"，即在九经三事殿内外上朝理政。

雍正年间，孝敬宪皇后的灵柩即在九经三事殿安奉，丧仪在此办理。

到乾隆年间，弘历将畅春园作为奉养生母孝圣皇太后的御苑。乾隆三十六年（1771年），皇太后八旬万寿崇上徽号，在九经三事殿进奉奏书。皇太后于乾隆四十二年（1777年）正月病逝，九经三事殿又成为停灵的殿堂。弘历当即剪发，穿白绸孝服，痛摧肺腑，住在倚庐无逸斋，不思茶饭。在四月十八日，将皇太后梓宫从畅春园恭奉移至清西陵泰东陵。

春晖堂和寿萱春永殿

在九经三事殿北边，穿过五楹二宫门，庭院正殿为春晖堂，面阔五楹，楹联为弘历御书，东西配殿各五楹。正殿后为垂花门，门内第三进院正殿五楹，为寿萱春永殿。联额皆弘历御书。左右配殿各五楹，东西耳殿各三楹，后罩殿十五楹；西耳殿内额为"松鹤延年"。

畅春园刚建成时，不仅玄烨的嫡母孝惠章皇后博尔济吉特氏被奉养于畅春园，连玄烨的祖母孝庄文皇后博尔济吉特氏也居住此园。但祖母孝庄文皇太后在此居住不到一年时间，即于康熙二十六年十二月二十五日（1688年1月27日）去世。嫡母孝惠章皇后即住在寿萱春永殿。

到乾隆年间，弘历的生母孝圣皇太后钮祜禄氏，从乾隆四年（1739年）就住进了寿萱春永殿。弘历经常从圆明园到前园向皇太后请安，也常接她到御园去游乐赏景，直到皇太后在乾隆四十二年（1777年）去世。

瑞景轩和延爽楼

在寿萱春永殿十五楹后罩殿北边，有三楹倒座殿，为嘉荫殿，两角门中为积芳亭，正宇为云涯馆。馆后渡桥，循山而北，有河池，南北立两座牌坊，一为玉涧，一为金流，门内为瑞景轩，轩后为林香山翠。又后为延爽楼，三层九楹。楼后河上为鸢飞鱼跃亭，稍南为观莲所。楼左为式古斋，斋后为绮榭。

瑞景轩和延爽楼位于中宫的北边，只隔两道清溪夹一道土山，正是前湖的东南部。瑞景轩前是一座著名的牡丹园，姚黄魏紫，各色牡丹争奇斗艳，那珍贵罕见的绿牡丹更是引人注目，争相观赏。

延爽楼修建在前湖南岸一列小土山的南边，是在清华园挹海堂的一座旧楼的基础上修筑的。横楼面阔九楹，叠架三层，是畅春园内最为高大宏伟的建筑。登楼四望，视野开阔，不仅南北池荷、碧树丹花一览无余，就是园外的丹棱白莲和玉峰塔影也尽收眼底。

畅春园遗址旧影

闲邪存诚和韵松轩

闲邪存诚与中宫仅一墙之隔。春晖堂之西,出如意门,往北行,渡过小桥,土地平旷,三面环水,北边是两道南北纵向逶迤延伸的假山。平地建起一座闲邪存诚殿。在两山之间北行,山环里建一座韵松轩。

闲邪存诚有玄烨御书匾额,是皇太后博尔济吉特氏的寝宫之一。《康熙起居注》载:康熙五十五年(1716年)正月十四日,玄烨在九经三事殿宴请蒙古王公和朝廷大臣后回宫。"是日,上于闲邪存诚问皇太后安"。

雍正二年（1724年），弘历曾在闲邪存诚殿读书。乾隆四年（1739年），此殿被焚毁，重新建成后，更名"玩芳斋"，有弘历御书匾额。

韵松轩初为皇子们的书斋，悬额为玄烨御书。后来，皇子书斋迁往无逸斋，玄烨有时在此轩召近臣欢聚，赐食赐花，游赏园景。康熙三十四年（1695年）六月二十日，张廷瓒等奉召至畅春园，赐食于韵松轩，后又赐宴，并赐书扇和红白千叶莲一瓶。

东路建筑景观

澹宁居

澹宁居位于畅春园的东南角，坐北朝南，"只三楹，不施丹艧"，匾额玄烨御书。前殿为御门听政、选馆、引见之所。玄烨在驻跸畅春园期间，几乎每天都要在澹宁居听政理事，处理各类政务。澹宁居的后殿，在康熙六十一年（1722年）成为皇孙弘历居住和读书之所。自从玄烨、胤禛、弘历祖孙三代这年春天在圆明园牡丹台会面之后，玄烨非常喜爱这位第一次见面的12岁小皇孙，当即决定带回宫中养育。驻跸畅春园时，便赐居澹宁居后殿，以便随时教育培养。弘历在乾隆四十年（1775年）曾写道："予十二岁时，皇祖养育宫中，于畅春园赐住之处即名曰澹宁居。"

渊鉴斋和佩文斋

大东门土山北，循湖岸西上为渊鉴斋，七楹南向。斋后临湖为云容水态，左廊后为五楹佩文斋，斋后面为葆光，东为兰藻斋。

渊鉴斋之前，水中敞宇三楹，为藏晖阁，阁后临湖为清籁亭。佩文斋之东北向为养愚堂，对面正房七楹为藏拙斋。

以上这组建筑，除云容水态外，均悬有玄烨御题匾额。它处于前湖和后湖之间的东部空地上，东边有土山将大东门遮挡住；西边前后两湖通水渠道两侧，是太湖石堆砌成的假山。南北湖面视野开阔，东距园门不远，交通方便，却并不暴露。这里清爽幽静，荷香绕屋，成为读书作画的适宜地点。

渊鉴斋是玄烨的藏书窟、阅书室，也是他倡导和指导编纂浩瀚典籍的地方。玄烨于政务繁忙之余，认真学习中国传统文化的典籍。他曾说："朕自经帷进御，覃精六籍，至于燕暇，未尝废书，于诗之道，时尽心焉。"渊鉴斋和佩文斋即是他钻研古籍之地。在渊鉴斋，玄烨令徐乾学编注《御选古文渊鉴》，又组织张英、王士禛等人纂修大型类书《渊鉴类函》。

佩文斋是玄烨收藏古今典籍名画法书的殿堂，是他读书、鉴赏书画和学书练字的书画室，也是他编纂书画典籍和画谱的工作间。玄烨以佩文斋为基地，进行了大规模持续不断的诗文书画的编纂工作，收到了显著成效，为中华民族的传统文化

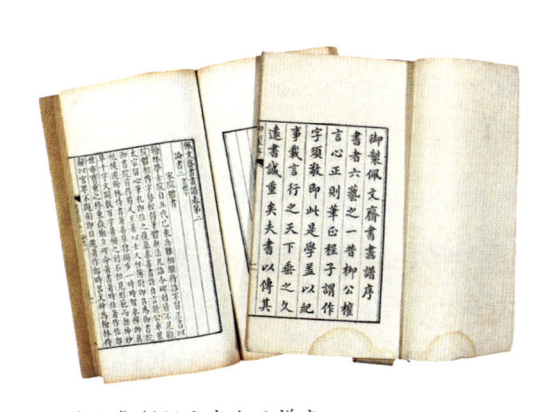

康熙御制佩文斋书画谱序

建设做出了重大贡献。其中以"佩文斋"冠名的书籍就有《佩文斋咏物诗选》《佩文斋广群芳谱》《佩文斋书画谱》《佩文韵府》。

疏峰

从兰藻斋循后湖东岸而北,转山后,西宇三楹;北宇五楹,为疏峰,有玄烨御书匾额。再北行,绕过后湖东北角,循岸而西,临湖正轩五楹,为太朴轩,也有玄烨题额。

在疏峰以东的小东门附近,有一座翰林值房。过去上书房翰林值庐在畅春园内未曾设置,园内只有南书房值庐。上书房翰林只能在园外租房僦居,以等候不时传唤。康熙四十二年(1703年)正月,"上亲指沿墙向西屋五间为祇候之地"。这年秋天,又改建为三进院落,坐北朝南,最南边三间为上书房翰林值房,后两进院为画院。

清溪书屋

太朴轩之东,有石径接东垣,即小东门。从石径北行,这里清幽僻静,山环水抱,是玄烨的寝殿清溪书屋。庭院的西边和北边是水面较大的东北小湖,小湖南端引出一道小溪,绕过院南和院东,又北行流回小湖。溪南隔道土山便是后湖北岸。清溪书屋不设围墙,没辟院门,渡过溪桥,迎面便是正殿,坐北朝南,面阔七楹,后抱厦五楹,东顺山房五楹,西顺山房九楹。西穿堂门外为昭回馆。后殿为导和堂,面阔五楹,前廊后厦。书屋两侧各有游廊十六楹,分别与导和堂连通。清溪书屋之西为藻思楼,其后山麓湖畔,即庭院西北有一座竹轩。竹轩由翠竹编搭而成,轩后是崚嶒峻峭的假山,山上山下是一片青翠的竹林。清风徐来,修竹摇曳，进入这块福地，好像走进了北国江南。

清溪书屋是康熙帝的寝殿。自从畅春园建成后，玄烨每年都要来此居住一段时间，少则个把来月，多则半年有余，一生在此居住近四千个夜晚。玄烨在康熙六十一年十一月十三日（1722年12月20日）病逝于清溪书屋。

西路建筑景观

无逸斋

无逸斋位于御园西南角，从二宫门外出西穿堂门为买卖街。这座苑内宫市建于宫西小湖南岸，略仿市廛景物。买卖街西边，小湖南岸建有船坞，停泊着大小御舟。靠南园墙有房一座，额题"西墅"。从西墅北行，西转穿过西部长河上架设的小桥，即是无逸斋的东门。垂花门内正宇三楹，后跨河上为韵玉廊，廊西为松篁深处。自右廊入为无逸斋门，门内正殿五楹，即无逸斋。西廊内正宇为对清阴，廊西为蕙畹芝原。这组建筑群的松篁深处院内，有一片葱郁的松林，非常引人瞩目，无逸斋便被称为"松斋"。

无逸斋是皇太子允礽的居室和书斋，也是众皇子的读书处。康熙帝非常重视皇太子和众皇子的教育，亲自培育和教导这些皇子。他曾说过："朕于宫中谕教皇太子，谆谆以典学时敏，勤加提命，日习经书，朕务令背诵，复亲为讲解，夙兴宵寐，未尝间辍。"（《圣祖御制文二集》）直到康熙二十六年（1687年）六月，玄烨才为皇子们选择了三位师傅：尚书达哈塔、汤斌和少詹事耿介，并征得大学士明珠、王熙等人的赞同和支持。玄烨选师的条件非常严格，既要学问高深又要品德高尚。他还先后挑选张英、熊赐履、李光地、徐元梦、顾八代、法海等人为皇子师傅，都是满汉宿儒。

诸皇子经过不断的学习，都具有较高的文化水平和满汉语言文字水平，不仅熟悉中国古代典籍，而且在书画和骑射方面也达到很高的水准。后来，皇太子迁到西花园居住和读书，诸皇子也迁往西花园南部的荷池四所去了。

乾隆年间，皇太后入住畅春园。弘历将无逸斋修葺一新。斋内屏风正面御书《周书·无逸篇》，后有御题《十韵》。他把《无逸篇》作为视事经典，施政龟鉴，题写在屏扆间，以资随地观省。

皇太后住在畅春园太后宫，弘历常从圆明园到前园来问安，请安后即退居无逸斋为传膳理事之所。乾隆四十二年（1777年）皇太后去世，停灵九经三事殿，无逸斋转成"苫次"，弘历在此斋尽孝，处理丧葬事宜。此后弘历再也没到无逸斋来过。

纯约堂和回芳墅

无逸斋后，越过土山之间的通路，沿宫西小湖西岸北行，东过板桥，小岛东端有一座太湖石堆砌的假山，山上有方亭名莲花岩亭。小岛北方对岸有松柏闸，将宫西小湖与前湖水连通。松柏闸东岸即兰芝堤，西岸为桃花堤。沿前湖西堤穿过桃花林，过小桥，即是前湖西北部的横岛。从横岛东望，前湖东北岸边的渊鉴堂清晰可见。

横岛上东室三楹，为纯约堂，其后右厅三楹为迎旭堂，有玄烨御书匾额。纯约堂东为招凉精舍。河厅之西为转弯桥，桥北圆门为"憩云"。迎春堂后回廊折而北为晓烟榭，河岸以西为松柏室，其左为乐善堂。别院有亭，为"天光云影"。松柏室后出山口临河为红蕊亭。自天光云影后廊出北小门登山，东宇为"绿窗"，有玄烨御书匾额。山北为回芳墅。红蕊亭东为秀野亭。乾隆十二年（1747年），为供皇太后居住，这组建筑重新修葺，弘历为北宇题额"凝春堂"，又为纯约堂御题内额"导和怡性"，松柏室题内额"翠岩山房"。

蕊珠院

自回芳墅北转，东望后湖，离堤岸不远，在茫茫碧水中的假山上，耸立着一座三层重檐高楼，这便是蕊珠院露华楼。蕊珠院是在清华园旧楼的基础上修建的。面阔五楹，三进三层，被称为水中杰阁。蕊珠院匾额为玄烨御书，内额为弘历御书"凭虚畅襟"。

集凤轩和西厂

蕊珠院西岸偏北，在南北两座土山之间，有一组建筑，为集凤轩。轩前连房九楹，中为穿堂门，门北正殿七楹。殿后稍左为"月崖"，其右为锦陂亭，渡河桥西为"俯镜清流"。集凤轩、月崖、锦陂、俯镜清流诸额皆玄烨御书。由俯镜清流穿堂门西出，循河而南，即大西门。门内有广阔的空地，称西厂。

乾隆年间，弘历重新修葺集凤轩，以为奉母夏清之所，并御题正轩外檐匾额为"执中含龢"，内额为"德言钦式"。弘历也常在集凤轩西边的大西门内亲练骑射。

大西门内还是元宵节（灯节）燃放烟花的所在。每年正月十四日起，连续三天夜晚，御园内灯火齐明。在大西门内勤政楼前,壤平如削。楼正面设灯棚一架,高起六丈余。稍南为不夜城,中列黄河九曲灯,缚秫秸作坊巷胡同,径衡回复,走进胡同犹如身临迷宫。巷内灯盏无数,一灯一旗,五彩间错。当夕阳落入西山,数千百灯一时燃亮,其北列栅,方广约五六里,散置灯火数百架。这时,玄烨登上勤政楼,西向落座。先放高架烟火,称为"盒子",最奇者为千叶莲花盒子。须臾,桥东爆竹引发药线,从隔河起,飞星一道,倒曳有声,倏上倏下,列入栅中,纵横驰突。一会儿,火光远近齐着,如蛰雷奋地,飞电掣空。此时,月色天光,俱为烟气所蔽,观灯的人神移目眩,震撼动摇,不能自主。少顷,烟焰尽消,只有黄河九曲灯仍然荧荧闪耀,犹如夜空的繁星。这时,只见舞龙灯的太监登场,显示出超人的本领。直到漏下二鼓,灯节的热闹场面才告结束。

观澜榭和雅玩斋

蕊珠院北阜上层台为观澜榭,有玄烨御书匾额。西河厅三楹;东河厅四楹,为"坐烟槎台"。榭后正宇为"蔚秀涵清",后为流文亭。乾隆年间重修,观澜榭内额"与物皆春",及坐烟槎台、蔚秀涵清,皆弘历御书。观澜榭西北行为闸口门,闸口北设随墙。小西门北一带构延楼,自西至东北角上下共84楹。中楼为雅玩斋、天馥斋,天馥斋牌坊前额为"日穷寥廓",后额为"露澄霞焕";东楼为紫云堂。紫云堂之西过穿堂北为西北门。

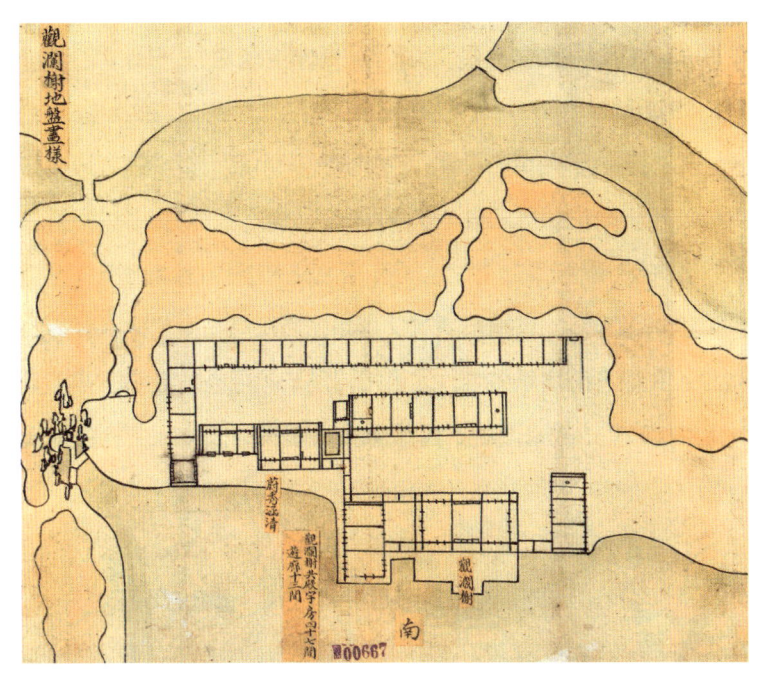

畅春园观澜榭地盘画样

寺院庙宇

龙王庙

龙王庙位于剑山下的小溪东岸，澹宁居北边的东园墙内，坐西朝东，面阔三楹，右耳房二楹，庙额为"甘霖应祷"，玄烨御题。

府君庙

府君庙位于渊鉴斋和小东门之间，四面环山，坐北朝南，面阔三楹，左耳房二楹。庙内神像如星君，旁殿奉吕祖像。

关帝庙

关帝庙位于无逸斋北边，后湖西南角的西岸，背倚土山，坐西朝东，面阔四楹，庙额"忠义"，为玄烨御题。

娘娘庙

娘娘庙位于关帝庙以北，在后湖一个小岛上，小岛有通道与西岸连接。殿堂面阔三楹，东西耳房各一楹，门前竖一堵影壁。

恩佑寺

玄烨逝世后，胤禛仿效其父为皇太后祝厘在南苑建永慕寺的做法，在畅春园建恩佑寺，为圣祖仁皇帝荐福。此寺建于雍正元年（1723年），位于畅春园东北隅东园墙内，外临通衢，门前横一堵影壁。山门额为"敬建恩佑寺"。二层庙门额为"龙象庄严"。正殿五楹，前抱厦三楹，有胤禛御题额"心源统贯"。殿内龛额为"宝地昙霏"，为弘历御书。殿内奉三世佛，左奉药师佛，右奉无量寿佛。院内南北配殿各三楹。

恩慕寺

恩慕寺位于恩佑寺之右，建于乾隆四十二年（1777年），弘

恩慕寺山门今貌

历圣孝哀思，绍承家法，为皇太后广资慈福而修建。山门额为"敬建恩慕寺"，门前横一堵影壁。二层山门额为"慈云广荫"；正殿额为"福应天人"，殿内额为"慧雨仁风"。正殿奉药师佛一尊，左右奉药师佛 108 尊。南配殿奉弥勒像，北配殿奉观音像；左右立石幢一柱，刻全部药师经，另一勒御制恩慕寺诗。

发生在畅春园的大事

自从康熙二十六年二月二十二日（1687 年 4 月 3 日），康熙帝玄烨驻跸畅春园后，他就非常喜爱这座风光秀丽的御园。当年就来园居住 44 天。从此，玄烨年年来畅春园居住，最少的一年是康熙三十五年（1696 年），也有 29 天；最多的是康熙四十七年（1708 年），多达 202 天。他大多是正月上旬在办理完重大礼仪宴会后，即前来郊园，通常都要住到十一月乃至十二月下旬，才离园返回皇宫，其中腊月二十五日至二十八日才迟迟离园的有八次之多。当然，其中有相当多的时间，是去南巡江浙、东谒祖陵、西游五台和北狩围场等，并非全是住在淀园。玄烨的生日是三月十八日，他共有 24 次是在畅春园度过万寿节的。直到病逝于畅春园清溪书屋，36 年间他居住畅春园累计为 257 次，共 3870 多天。

玄烨在畅春园生活的主要内容，是避喧听政、颐养慈宁和避暑赏景。

一是御门听政，选馆引见，处理各类朝廷政务，包括处理具体政事，引见臣僚，任命官吏，策试选士，阅试武举骑射，赐宴王公大臣，接见外国使节等，政务十分繁忙，而且事必躬亲。

二是学习科学，纂修类书，参与多项文化事业建设。玄烨不仅在御园博览群书，学习和钻研中国传统文化古籍，还延请外籍教师白晋等人，刻苦学习多门自然科学知识。他经常阅读古今名人字画，苦练书法艺术，并组织和指导学者大儒编纂多种类书，为中华民族的传统文化建设做出了很大贡献。

三是奉母颐养，恪尽孝道，使皇太后安享晚年的颐乐生活。玄烨把孝庄文皇太后和孝惠章皇后请进畅春园，经常问安，不时宴请，奉母乘舟赏花，登楼放眼观景，以致皇太后"喜居郊园"，很少到封闭枯燥的紫禁城去居住。玄烨身体力行，展示和宣扬以孝治天下的立国之道。

四是憩息避暑，游乐赏景，使身心愉悦，以更充足的精力治理日益强盛的多民族的中华帝国。

玄烨在畅春园的生活中，有几宗重大的事件，需要做较为详细的记述。

清代焦秉贞绘《康熙南巡图》

争夺储位事件

在康熙十四年（1675年），玄烨将刚诞生不足两岁的允礽，册封为皇太子，他的生母是正宫皇后赫舍里氏。立储引起比允礽年长两岁的皇长子允禔的不满。允禔虽为长子，却因为是惠妃所生而无缘储位。在皇长子集团与太子党争储的争斗中，玄烨将允禔革爵拘禁。允禔并未死心，转而支持皇八子允禩夺取储位。由于允禩的控告和斗争，玄烨在康熙四十七年（1708年）九月宣布："允礽不法祖德，不遵父训，肆恶虐众，暴戾淫乱，专擅威权，纠聚党羽，窥伺圣躬。"将允礽拘禁，废黜其皇太子称号。

此时，允禩见时机已到便大肆活动，纠结了一大批王公大臣，如皇九子允禟、皇十子允䄉、皇十四子允禵，以及领侍卫内大臣阿灵阿、散秩大臣鄂伦岱、贝勒苏努、大学士马齐、礼部侍郎揆叙、户部尚书王鸿绪、苏州织造李煦等，形成一个势力集团，即"八爷党"。玄烨识破了八爷党的活动，果断地进行揭露，说：八阿哥允禩到处活动，妄博虚名，将朕所恩泽，俱归功于自己，这简直是又出了一个皇太子。如果有人胆敢称赞八阿哥好的话，朕当即就杀了他们。朕手中皇权岂容他人践踏！

不久，玄烨又将允䄉锁拿，革去贝勒爵位，交议政处审理。

玄烨未曾料到，废黜皇太子会引起皇子争储的更激烈的斗争。为了平息争储的混乱局面，玄烨决定再次建储。康熙四十七年（1708年）十一月十四日，玄烨召集满汉文武大臣齐集畅春园，当场面谕：今日，朕召集大家来就是为皇太子一事。你们商议一下，这同样也是为朕效命的时候啊！现在，你们可以在诸阿哥中举奏一人，但大阿哥所行甚谬，虐戾不堪，就不要再保举他了。除他以外，你们无论推举哪位阿哥，朕即从之。

玄烨给大臣划好了候选人的范围后，接下来又规定了要求，即商议的时候，大臣们不许互相瞻顾，别有探听；汉大臣也应"尽所欲言"。随后，玄烨说："议此事，勿令马齐预之。"

满汉大臣们便分班列坐，纷纷议论起来。很多人都以为，此事关系皇家事务，不好推举谁为皇太子。在众臣犹豫之时，八爷党便乘机活跃起来。内大臣阿灵阿鼓动说：刚才我们已面奉谕旨，务令举出一人。如果我们不推举的话，就是对圣上不尊敬。鄂伦岱、揆叙、王鸿绪等人也随声附和，并"与诸大臣暗通消息，书'八阿哥'三字于纸，交内侍梁九功、李玉转奏"。

一会儿，梁、李二位内侍出来，口传玄烨谕旨：立皇太子一事，关系重大，你们应尽心仔细商议。八阿哥未尝办理过政事，近又获罪遭拘禁，且其母亲出身微贱，不宜立之为皇太子。你们应再三考虑一下。

众大臣听到传谕以后，由于摸不透皇帝究竟想立哪位皇子为储君，便不再表态了。

其实，玄烨心中仍是想复立允礽为皇太子。看到现在大臣们瞩意于允禩，便后悔当时锁拿允禩时，没有打击他的党羽。既然他们敢公然违旨保举允禩，这次要顺藤摸瓜，进行一次清理。而大臣们在得知皇帝的本意后，也觉得难以理解。既然让大家随意保荐皇太子，为何说了不算，出尔反尔？而八爷党的干将们更是愤愤不平。

康熙四十八年（1709 年）正月，玄烨召集领侍卫内大臣、尚书等满汉大臣，调查去年冬天推举皇太子一事，问："尔等何以独保允禩？……其日先举允禩者为谁？"他自问自答：我知道此事一定是马齐、佟国维授意于你们，你们才依意而议的。马齐急忙争辩："那天会议此事时，臣奉旨'勿得干预'而避开，没有参加。诸臣所议情况，臣实不知晓。"玄烨又问大学士张玉书，张玉书回答："会议那天，大学士马齐、温达比我先到。我问马齐应举荐谁，马齐当时说：'看大家的意思要推荐允禩。'于是臣等共同保奏了允禩。"玄烨闻听大怒，指责马齐说："此事明明是你暗中串联诸臣，你还不承认。如此大事，尚怀私意。你们谋立允禩，是否要结恩于允禩，以便今后依靠允禩为所欲为？"听罢皇上的谴责，马齐气愤至极，竟然拂袖走出大殿。

玄烨见马齐如此狂妄，勃然大怒，第二天便以面忤皇帝罪，逮捕了马齐及其全家。开始马齐被判死罪，后来玄烨念其"任用年久"，免死罪，送往允禩府中监禁。与此同时，马齐家人中，凡有官职者，一律革职。

此后，玄烨复立允礽为皇太子，又第二次将允礽废黜。立储之事使玄烨伤透了脑筋。经过认真总结经验教训之后,对建储一事持相当消极的态度,禁言建储并且不再立皇太子。

畅春园门前千叟宴

玄烨生于顺治十一年(1654年)三月十八日。康熙五十二年(1713年)值六十万寿大庆,玄烨自谓"屈指春秋年届六旬矣。览自秦汉以下,称帝者一百九十有三,享祚绵长,无如朕之久者"。(《康熙实录》)于是决定筹办隆重的万寿庆典。

从三月初一日开始,自紫禁城北门神武门到西郊海淀畅春园,沿街30余里的御街,道路整修一新,平坦的路面上铺满细软的黄沙。御街分成31段,沿街搭建龙棚、经棚、彩坊、园林、戏台等,彩幡高竖,一派繁盛欢庆景象。三月十七日,万寿节前一天,玄烨奉皇太后自畅春园沿御道去京城内皇宫,一路上各省官员和王公大臣夹道罗拜,欢迎御辇。

玄烨进城第二天,三月十八日生日这天,在太和殿接受文武百官和致仕官员的庆贺礼。皇帝特颁恩诏,分别赏赐年龄在70岁以上的寿星:给予100岁以上的寿星老建立牌坊;70岁以上者许一丁侍养,免除各项杂派;80岁以上者,赏赐绢一匹,绵一斤,米一石,肉十斤;90岁以上者,赏赐加倍。

玄烨还颁诏:二十五日在畅春园前宴会直省老人。那天,礼部官员引领65岁以上直省老人,到畅春园大宫门前,东西向列坐,自北而南,敷席设几。东坐西向的,首席是大学士李光地、吏部尚书吴一蜚、户部尚书张鹏翮等23人，其余依次是直省耆老二千余人。西坐东向的，首席是致仕吏部尚书宋荦、致仕吏部尚书徐潮、原任户部尚书王鸿绪等25人，其余依次是直省耆民二千余人。

宴会开始，领侍卫内大臣阿灵阿传宣圣旨："今日之宴，朕遣子孙与尔等分颁食物，执爵授饮。当颁食授饮时，勿得起立，以示朕养老尊贤之至意。"宴会执事人员依次陈设美味佳肴，八珍御品，珍馐野味，百果之盘，六谷之饭等等，一一摆上餐桌。领侍卫内大臣、侍卫、部院官员、内廷翰林人等，往来劝酒，前后左右无不敬到。衣着光鲜的宗室子弟，手执酒杯，敬酒助兴。

玄烨身穿绣绘"万寿"字的龙袍，满面春风，从御幄中慢步走出，向寿星们问好。老人们高呼万岁之声浩如山海。玄烨非常高兴，当日传旨赐赏大臣、耆老：李光地、王原祁、吴一蜚、宋荦等12人，暖帽各一顶，团龙缎袍褂各二件，松花石砚各一方。张烺、田种玉、刘一葵、秦松龄、崔征璧，以及张鹏翮、徐潮、王鸿绪等人，也各有赏赐。李光地等率众叩谢龙恩。

三月二十七日，是宴请八旗老人的日子。那天，礼部等衙门引八旗满洲、蒙古、汉军65岁以上老人，大学士以下闲散人等以上，至畅春园正门前东西向列坐。东坐西向的，有内大臣和硕额驸尚之隆、内大臣公舅舅佟国维、领侍卫内大臣公海金等100余人，次列耆老二千余人。西坐东向的，有原任领侍卫内大臣公阿尔泰、原任尚书马尔汉等300余人，次列耆老二千余人。

三月二十八日，玄烨和皇太后在畅春园皇太后宫门前，赐宴八旗年老妇人，并赐衣物和银两。

在这次畅春园千叟宴十年之后，康熙六十一年（1722年），玄烨已届69岁高龄。就在位时间而言，跃居中国历代帝王之首。玄烨在位期间，国家由乱而治，不独幅员辽阔，而且政局稳定，人口增长，经济发展迅速，文化繁荣，中国社会出现了少有的太平盛世局面。在这年三月二十三日和二十四日，又在畅春园举办"千叟宴"。宴会开始后，凡80岁以上的老人，均令人扶至御座前，由皇帝亲视酒。还令十几位皇子全部出动，向老人们颁赐食品。10岁至20岁的皇孙和宗室子弟则执爵授饮。宴会结束后，又各赐银两，资送回乡。几天以后，又召集八旗年老妇人齐集畅春园太后宫宴饮，并御赐彩缎和银两。

玄烨在畅春园病逝

玄烨是位英明君主，很多棘手的政务他都能得心应手地妥善处理，唯独废立太子的事把他折腾得焦头烂额，伤透了心，这严重地损伤了他的健康。康熙五十六年（1717年）十一月二十一日，大病中的玄烨，将诸皇子、满汉大学士等，召至乾清宫东暖阁，颁布了情辞恳切的长篇谕旨。自称近来身体多病，心神恍惚，身体十分疲惫，起卧行走如无人扶持就感到困难。还说，他现在身患重病，怔忡健忘，心中十分害怕处理事务时以是为非，办错了事。五十七年（1718年），玄烨说他稍微早起就"手颤头摇，观瞻不雅，或遇心跳之时，容颜顿改"。五十八年（1719年）四月，他又说自己"气血渐衰，精神渐减，办事感觉疲惫，写字手亦微颤"。六十一年春，巡视畿甸，省方问俗，察吏安民；夏天又北巡塞外，九月底回到北京后，又忙于处理各种政务。他的心血快被耗尽了。

康熙六十一年（1722年）十月二十一日，玄烨又赶往南苑行围。因连续多日劳累，身体更加虚弱，又时值隆冬，遂感受风寒。十一月初七日，玄烨返回畅春园医治疾病。按照惯例，十一月十五日冬至节时，皇帝须亲往南郊举行祀天大典。因正患病，令皇四子雍亲王胤禛代行祀典，并令他预先斋戒。这月初十、十一日、十二日，胤禛在斋戒期间，曾经几次遣太监、护卫问候父皇病情，玄烨也只随意回答："朕体稍愈。"十二日深夜，玄烨的病情急剧恶化。夜半刚过，急召皇四子胤禛于斋所，命他速回畅春园，南郊祀典改派公吴尔占恭代。同时，又召皇三子诚亲王允祉、皇七子惇郡王允祐、皇八子贝勒允禩、皇九子贝子允禟、皇十子敦郡王允䄉、皇十二子贝子允祹、皇十三子允祥，理藩院尚书隆科多等，齐至清溪书屋御榻之侧，宣布了皇位继承人，说："皇四子人品贵重，深肖朕躬，必能克成大统，着继朕即皇帝位。"其时，皇五子允祺冬至往孝东陵行祭礼，没能即席聆听遗诏。皇十五子允禑、皇十六子允禄、皇十七子允礼、皇二十子允祎，因年龄和地位关系，在寝殿门外恭候，不能进内听训。这时，皇四子胤禛从斋所赶来，趋前问安。玄烨又告以自己病情日增的状况。胤禛只好含泪对父皇进行劝慰。

玄烨的生命走到了尽头。就在当天（十三日）夜间，这位一代英主便在畅春园清溪书屋逝世了，享年69岁。

当夜，在诸皇子和理藩院尚书、步军统领隆科多的严密护卫下，将皇帝遗体从畅春园运到紫禁城乾清宫，后来安葬于清西陵景陵。十一月二十日，胤禛御太和殿登极，是为清代第三位皇帝——雍正帝。

附园西花园

西花园是畅春园的附属园林，紧邻畅春园西墙外的南部。花园呈扁方形，东西较宽而南北稍窄。南园墙外为海淀通往牛栏庄的大道和成片稻田。东南角园墙外有一座建于明代的关帝庙，俗称双桥寺，寺东便是菱角泡子。西墙外是牛栏庄村东的大面积稻田。北园墙外，隔一条万泉河支脉便是横贯东西的马厂。

西花园约修建于康熙二十七年至二十九年之间，即公元1688—1690年这段时间。

康熙年间的西花园

西花园的占地面积，据样式雷图档《西花园现查情形》记载，为"一顷四十二亩三分六厘"，即142.36亩。另据样式雷《西花园画样》显示，西花园是一座水景园，万泉河水从南园墙的西端进水闸流入园内，在花园中部和偏南一带形成一座横跨东西的湖泊。湖西部有从北到南三座横向小岛。湖东部从湖东岸到湖中心，有一座长长的半岛。湖水从东园墙的南端和北端两个出水口分别流出园外，或注入马厂诸渠，或分别流进畅春园和蔚秀园，再经虹桥和春熙院东流，入注清河。花园东部靠园墙有一带连绵的假山，假山在北端顺小溪往西延伸，拐弯处有一道山口，通向东北角的平房。园西部在西园墙与荷花池之间，也有一道假山，假山上下，植有松柏、山桃和竹林，以及名贵花卉，把幽静的庭园装扮得古朴素雅又瑰丽多姿。

西花园的主要建筑，是建于半岛西端即小湖中心的讨源书屋。据样式雷《西花园地盘画样》所示，讨源书屋坐北朝南，进入南院墙中部的五楹宫门后，院内有东西朝房各五楹。再进二宫门，五楹正殿即讨源书屋，门额为玄烨御书。书屋左室五楹，额题为"千峰出翠微"。再后敞宇为"观德处"，三处额题皆为玄烨御书。

花园南部荷花池畔，建有南、东、中、西四所。

园西南门内有承露轩，后轩为就松室，东有龙王庙。

据样式雷图文档案记载，西花园共有殿宇大小房74间。

园西北有门，即西花园的大北门，门外是马厂。西花园的正门为南宫门，门前为通向畅春园大宫门的大道。

西花园建成后，成为皇太子和诸皇子居住与读书的地方。皇太子允礽住进了园内的主殿讨源书屋，这里也是他的书房。其他诸位皇子则分别住进荷花池畔的南、东、中、西四所。

西花园因系畅春园的附园，其园务一直由畅春园总管园务大臣管理。康熙四十三年（1704年），单独设置了管理官员：西花

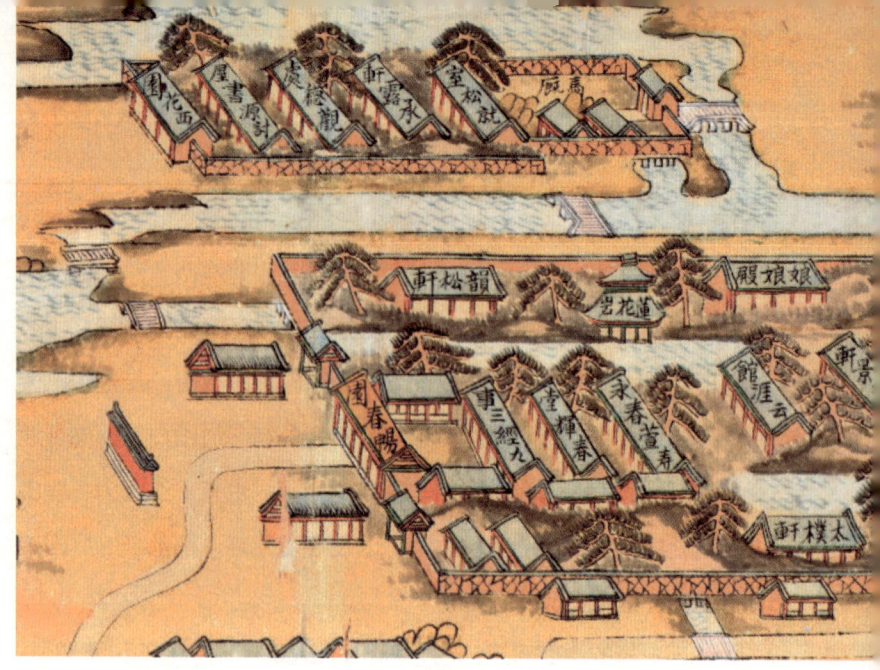

清代三山五园图中的畅春园及其附园西花园

园总领二人,副总领八人,笔帖式二人。

乾隆年间的西花园

进入乾隆年间以后,弘历沿袭其皇父胤禛的惯例,仍以圆明园作为御园,一年中一半以上的时间住在圆明园,并在此上朝理政。而将畅春园作为奉养其生母孝圣皇太后的御苑。皇太后常年住在寿萱春永殿,也曾在园内的凝春堂、集凤轩和蕊珠院居住。

弘历经常去畅春园向皇太后请安,请安后即在园内的无逸斋、集凤轩、观澜榭和西花园的讨源书屋休憩、传膳和视事理政。弘历从乾隆六年(1741年)四月开始写《诣畅春园皇太后宫问安》诗,直到皇太后去世前两个月的乾隆四十二年(1777年)十月写最后一首畅春园问安诗《诣畅春园恭问皇太后安遂驻御园有作》,

先后共写此类诗作 83 首。

弘历问安后经常到西花园讨源书屋来。他从乾隆七年（1742年）开始写关于讨源书屋的诗，第一首诗为《讨源书屋恭瞻皇祖御笔》。

从此时至皇太后去世前半年的乾隆四十一年（1776年）五月，写最后一首关于讨源书屋的诗《夏日讨源书屋》，弘历在这三十四年间共写了 50 首关于讨源书屋的诗。可知乾隆时期的西花园，是弘历到畅春园向皇太后问安后的憩息、进餐和理政之所。皇太后去世后，弘历不再到畅春园问安，便再也不到西花园，再也不写有关西花园的诗了。

衰落与现状

畅春园的闲置与衰落

康熙帝玄烨逝世以后,雍正帝胤禛即位。胤禛的赐园是圆明园,他决定扩建圆明园,增建上朝听政等宫廷建筑,使之成为新的御园。恩佑寺的修建,标志着畅春园全盛时代的结束,它不再是朝廷政务活动的中心,其御园的政治功能已经被圆明园所取代。

雍正年间,畅春园仍是一座御苑,其功能则不那么重要也不那么专一了。在乾隆年间,畅春园成为弘历奉养生母的"皇太后园",其间曾进行过几次修建。在乾隆四十二年(1777年)以前,畅春园得到了很好的保护和管理,安全保卫工作也很到位。据《大清会典事例》记载:"(乾隆)十年定,增设畅春园门汛为二十处,日以护军参领一人,副参领、署参领四人,护军、护军校二百人守卫。"

乾隆四十二年(1777年),孝圣皇太后去世,但弘历仍将畅春园定为"皇太后园"。他在这年正月二十九日召见大学士舒赫德和阿桂、福隆安、丰升额等朝臣时降谕:"……若畅春园则距圆明园甚近，事奉东朝，问安传膳，莫便于此。我子孙亦当世守勿改。著将此旨录写，封贮存上书房、军机处各一份，传示子孙，以志勿忘。"他这一道圣旨规定，畅春园永远作为"皇太后园"，子孙后代都不得更改。

但是，乾隆年间以至嘉庆年间，都不再有皇太后，畅春园只好闲置下来，不能再充做他用。对长期空闲的宫殿园林，当然没有必要去修缮，也不需要那么多护军保卫了。到嘉庆年间，连守卫畅春园的八旗护军也撤走了，守园之责交给了步军统领衙门管辖的巡捕中营畅春园汛了。在兵力减少的同时，畅春园的管理官员也越撤越少。办事官员共24人，减了13人。

到了道光年间，被荒废多年的畅春园，又遭到人为的损坏，侵占园址，拆用木料，拆掉殿堂，几乎变成一座废园了。道光帝将太后宫改设在绮春园了。

在第一次鸦片战争失败，清廷于道光二十二年（1842年）签订丧权辱国的《南京条约》后，国势更加衰弱，财政拮据。在道光二十三年（1843年）五月奏准，畅春园官员均拨归圆明园。也就是说，到道光末年，畅春园作为单独设立的单位也被取消了。

到了咸丰年间，咸丰帝奕詝为他的弟弟修葺赐园，也从畅春园拆卸木料。到咸丰六年（1856年），畅春园作为一座御苑，已被内务府基本废弃了。奕詝拆掉玄烨寝殿清溪书屋的木料，将含芳园修葺一新，赐予他的七弟奕譞，并御赐园名题额"蔚秀园"。

畅春园焚毁与遗址现状

大清王朝在道光咸丰年间日益衰落,又因太平天国革命而陷于严重的危机之中。英法两国趁机发起了第二次鸦片战争,攻陷天津,直逼北京城。咸丰十年八月二十四日(1860年10月6日),英法联军占领海淀、窜进圆明园纵火焚烧宫殿,接着又将圆明园和万寿山清漪园、玉泉山静明园、香山静宜园、畅春园及其他园林一齐焚毁。业已衰落的畅春园也没逃过侵略者的魔爪。据总管内务府大臣明善在九月二十九日(11月11日)的奏折称,畅春园内遗存的恩慕寺、恩佑寺、清溪书屋等园林建筑,被英法联军彻底焚毁了。畅春园与圆明园一样变成了一片废墟。到宣统年间,畅春园已不复存在。原址除一部分稻田外,只有残存的土岗和水洼,野草遍地,芦苇丛生,满目荒凉。据《清实录》记载,宣统三年(1911年)五月谕军机大臣等:"贝勒载涛等奏,畅春园等处附近地方民种官地一律收回,恳恩赏给银两以示体恤一折。又奏,在阅武楼及西花园基址酌改操场一片。均着依议。"畅春园、西花园及马厂等处官地,曾经租给农民耕种,当时要收回官地,在此修建成一座练兵的操场。

民国年间,西苑一带仍为军队驻地。官兵营房修建在阅武楼南边,即今西苑机关一带。西花园、马厂和畅春园一部分旧址,被辟为练兵场,称为西苑操场。附近其余空地逐渐被当地农民开发为耕地,作为养家糊口之用。

中华人民共和国成立后,这里曾修建过海淀乡政府、海淀区农林水利局、农机局、畜牧局、气象局以及畅春园饭店，形成过操场村、双桥村等居民点，现在已被拆除。大部分空地被开垦成农田，或播种著名的京西稻，或栽种莲藕、茭白、荸荠、菱角等水生蔬菜，或利用水面饲养海淀特产北京鸭，成为有特色的副食品生产供应基地。

20 世纪 80 年代以后，随着改革开放的逐步深入，新技术产业在海淀迅速发展起来，海淀镇和中关村一带成为"中关村科技园区"的核心区。畅春园原址的面貌也随之发生了巨大变化。畅春园南部修建起"大地科技大厦""海淀新技术大厦""北京硅谷电脑城"等几座高楼。畅春园北部修建起"北京大学畅春园教职工住宅区""北京大学第二附属中学"（今改名"北达资源中学"）、"北京大学畅春园学生公寓"等几十座楼群。畅春园中部是海淀区体育中心的现代化体育馆和标准田径场。畅春园西南部是高楼林立的"芙蓉里居民小区"；园中部西半建成一座颇具规模的街头公园"畅春新园"；园西北隅修建一块街头绿地，筑起一座八方重檐"万泉亭"，亭内竖一通镌刻《整治万泉河记》的石碑。河道略有整修改道的万泉河水，即从万泉亭绿地和畅春新园之间，由南向北流去。

畅春新园石碑

在西花园原址和马厂的部分地域，修建成一座大型的"海淀公园"。园内绿地逶迤盘桓，大小湖泊清水相连，繁花似锦，碧树荫浓，成为海淀居民休闲游乐的好去处。

如今，在畅春园原址已无法寻觅到康熙时代盛时的踪影了，只有在园东北隅，还能看到恩佑寺和恩慕寺的两座山门，红墙黄瓦，寺门上"敬建恩佑寺""敬建恩慕寺"的题额，还能让人联想起雍正、乾隆两位皇帝在这里敬先祭祖的谦恭身影。

这两座寺门，作为畅春园仅有的遗物，被定为海淀区重点文物保护单位。

恩佑寺和恩慕寺的两座山门，也能使我们大体认定畅春园坐落的范围，以及园内建筑景观与现代建筑景观的对应关系。两座山门连接线的南北延长线，就是畅春园的东墙位置。恩佑寺山门西侧的宿舍楼，原是玄烨寝宫清溪书屋建筑群的基址。四环路北辅路的北沿，就是畅春园的南墙；新技术大厦前边即是大宫门；宫门前影壁在南辅路上；四环路的宽阔路面，是宫门前的广场，即玄烨举办千叟宴的地方。新技术大厦和硅谷电脑城，修建在玄烨曾经多次上朝理政的澹宁居旧址。芙蓉里十号楼修建在畅春园西南隅的无逸斋一带。畅春园西墙，位于十号楼西侧马路与承泽园稍西处二者之间的南北连接线。畅春新园及东侧部分公寓楼，大体修建在畅春园后湖的位置；而畅春新园西部中央，即湖中高楼是蕊珠院原址。海淀体育馆及其南边，便是原前湖的广阔水面。畅春园北墙，压在北大教工宿舍楼和北达资源中学教学楼下，在蔚秀园南墙外，其东端竖有"畅春园东北界"石桩。

西花园的南墙，与畅春园南墙是同一条线。西花园的东墙，与畅春园的西墙是同一条线。西花园的北墙，在今铜牛路一线，即今海淀公园的北界。其西墙则是在今万柳中路向北的延长线上。西花园旧址全部圈在如今的海淀公园内。

这就是畅春园和西花园原来的坐落方位。

在畅春园附园西花园遗址上新建的海淀公园今貌

圆明园记盛

北京西郊的香山海淀一带，风光旖旎，环境清幽，历来是众人向往的一处旅游胜地。金章宗完颜璟首先在这里修建了玉泉山芙蓉殿和钓鱼台等处行宫。此后，皇帝宗室、达官贵人接踵而至，陆续建成一座座行宫别墅。清代胤禛即皇帝位后，即有计划地将圆明园建为处理朝政的御园。到雍正三年（1725年），御园初具规模，到雍正十三年胤禛去世时，日后乾隆帝确定的"圆明园四十景"中，有三十三景已初步建成。乾隆帝登极以后更是大兴土木，不遗余力，使海淀皇家园林的建设达到鼎盛时期。乾隆帝扩建为圆明三园（圆明、长春、绮春），后又增熙春园和春熙院成为圆明五园。道光帝将熙春园和春熙院赐予皇子居住，后仍为圆明三园。圆明园在咸丰十年（1860年）被英法联军焚毁。

圆明园始建

康熙四十六年（1707年），康熙帝谕准胤禛等皇子的奏请，命他们在畅春园附近新建赐园。

这年正月，皇十子允䄉以上的皇子（皇太子允礽、皇长子允禔除外），"奏请于畅春园附近建房"。皇帝谕准了这一请求，降旨在"（畅春园）北面新建花园以东空地，赐予尔等建房"。后因"若于此处盖建七人之房所，地方稍有窄小，故四阿哥（胤禛）、八阿哥（允禩）、九阿哥（允禟）、十阿哥（允䄉）奏闻皇父后，于此建房了"。三阿哥（允祉）、五阿哥（允祺）、七阿哥（允祐）等三人，则"奏请另觅地方建造"。允祉最后是在"银池碧水之东南，连着明珠之子揆方家买取一处空地"，房子画样经玄烨审阅之后，正式动工兴建。（参见杨珍《康熙皇帝一家》）

这七座皇子赐园，在当年就大体建成了。据《清圣祖实录》记载："康熙四十六年十一月……己未。皇四子多罗贝勒恭请上幸花园进宴。"此处的"花园"当指圆明园。

康熙帝皇四子胤禛赐园圆明园

康熙四十六年（1707年），七位皇子原奏请建园时，是在"畅春园以北空地"建七座赐园。圆明园始建时的规模因"地方狭窄"不会很大。康熙四十八年（1709年）三月,胤禛被封为和硕亲王,赐园规模可能会逐渐扩展。到康熙五十八年（1719年）秋,胤禛题写《圆明园十二景》诗时,其园址已扩展到福海西岸的"深柳读书堂"了。

圆明园修建在前湖以北的后湖周围,园门南向。后湖南岸建筑群是胤禛寝居和会客理事之所,正殿悬康熙帝御题"圆明园"匾额。殿西有清晖阁,阁前挺立九株乔松,为康熙五十年（1711年）栽植。其西南有"莲花池"。后湖东岸由南而北为牡丹台、竹子院、梧桐院。牡丹台是在满院牡丹花丛中、汉白玉台基上修建的一座古朴雅致的楠木殿。竹子院内竹林茂密,回廊迂曲,溪流碎玉,竹弄清风,湖畔建一座朗吟阁,与阁左的五福堂有游廊相通。阁名、堂名皆玄烨所赐,并悬御题匾额。五福堂前有株玉兰树,弘历幼时曾在树下游戏。梧桐院桐林引凤,井护雕栏,胤禛有《梧桐院》诗写出他的观感:"深院溪流转,桥通院院门。吟风过翠屋,待月坐桐轩。秋叶催诗落,春花应节繁。只应金井畔,好借凤凰骞。"后湖西岸有一座"卍"字形金鱼池,雕栏围护,文鱼潜游。池北侧开辟一块菜圃。后湖西北有一片桃林,是为"桃花坞"。春季花期,"绛雪侵衣艳,颓霞绕屋低";花期易逝,"槛外风微起,飘零锦堕泥"（胤禛《桃花坞》）。缘溪西行,穿过一座石洞——壶中天,即可到达一组绿荫覆檐的殿堂。

康熙帝曾几次临幸圆明园。胤禛在《圆明园记》中写道:"朕尝恭迓銮舆,欣承色笑。庆天伦之乐,申爱日之诚。花木林泉,咸增荣宠。"玄烨从圆明园建成那年莅园进宴后,直到十二年后的康熙五十八年(1719年)才又临幸此园。他在逝世前几年四次到圆明园去看望胤禛,这使人联想到可能与选择继承人有关。康熙六十一年(1722年)三月二十五日,玄烨冒着细雨到圆明园牡丹台赏花。他见到了陪同侍奉的皇孙弘历,对这位十二岁小孙子的言谈举止极其赏识,便召入宫中亲自教育培养。这次康熙、雍正、乾隆三朝天子共赏牡丹,被传为清史佳话。这件事也大大增加了胤禛在皇位竞争中的优势。

雍正帝御园圆明园

胤禛即皇帝位后,他将皇子赐园圆明园按照离宫型的皇家园林进行改建扩建。在圆明园殿以南拓建了前朝区,又将园区向西、北、东方扩展,大规模兴建宫殿和景观,建成一座占地三千亩的御园。在前湖南岸,修建成一组功能完备的"前朝"建筑群。《圆明园记》记载:"建设轩墀,分列朝署,俾侍直诸臣有亲事之所。构殿于园之南,御以听政。"这就是原皇子赐园南墙外新建的"外朝"部分。在大宫门外建左右外朝房和内阁、内府各衙门的值

雍正皇帝

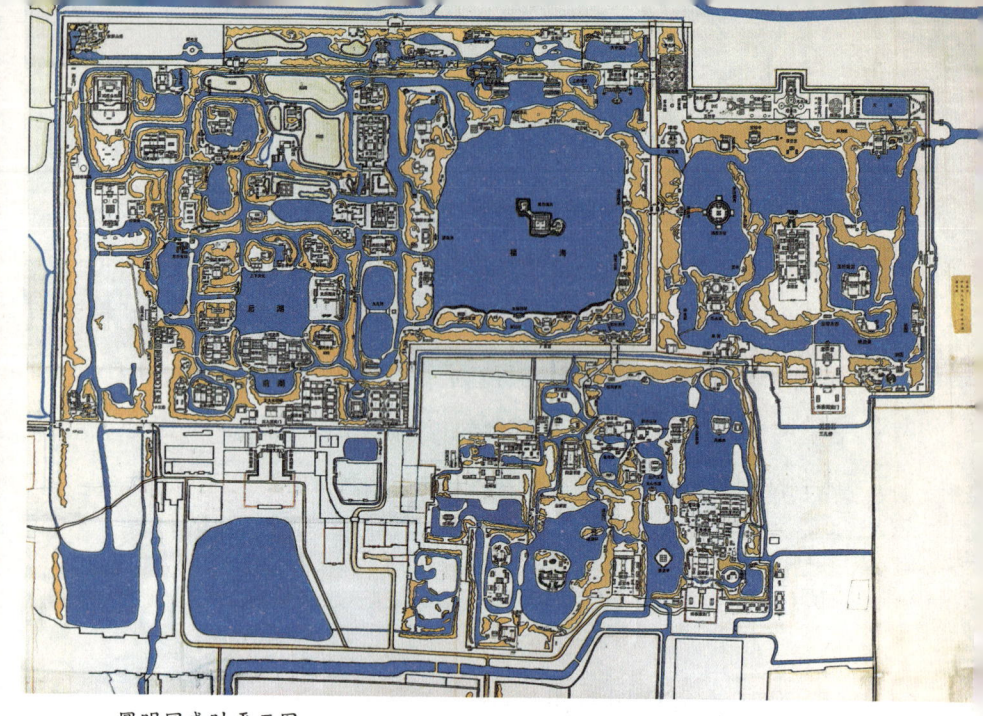

圆明园盛时平面图

房。二宫门外有左右内朝房和茶膳房、膳书房、清茶房、军机处。二宫门内正殿为正大光明殿，是皇帝上朝听政、宴请外藩、寿诞受贺的地方。正殿东侧为勤政殿，皇帝在此处批阅奏章，处理日常政务。正大光明殿北边是前湖，湖北岸是"内寝"部分，即帝后嫔妃居住生活的地方。在后湖以北、以东和福海周围，叠山理水，栽花植树，修建了各类建筑和景观数十处。据专家统计，在其后乾隆年间命名的"四十景"中，有三十三处已在雍正年间大体修筑成型，并多有雍正帝御题匾额。

为了保护皇帝园居生活的安全，在雍正二年（1724年）建立了圆明园八旗护军营和内务府包衣三旗护军营，共有官兵三千余人，分驻在御园周围的八旗营房里。

胤禛在皇宫为皇父康熙帝及母后守孝二十七个月后，于雍正三年（1725年）八月二十七日驻跸圆明园，并于当天传谕："朕在圆明园与宫中无异，凡应办之事照常办理。"此后便长住御园，到新年期间才返回紫禁城。由于与允禩集团及其余党的斗争十分激烈，也由于政务繁忙，胤禛极少离开北京。也因为此，不仅南巡江浙、东拜祖陵、西幸礼佛全都免去，连北狩秋狝也停止了。他常年居住在圆明园，每年少则185天，多则247天，年均200天以上，直到雍正十三年（1735年）八月二十三日病逝于圆明园九州清晏寝宫。

乾隆帝修建圆明园

乾隆帝在北京西郊大力修建离宫别苑，是因为那时已经具备了比较优越的客观和主观条件。著名的样式雷就成为御用园林设计机构的主持者。同时，清廷自康熙朝以来不断在西郊修建离宫别苑，这些巧夺天工的皇家园林已经不只是帝王后妃游憩的场所，而且成为上朝听政、处理国事的经常办公机关，起着紫禁城皇宫的作用。乾隆帝沿袭先朝的做法，继续扩建御园离宫。况且他对山水园林有天然的爱好，"山水之乐，不能忘于怀"，喜好游览风景名胜，对江南的

乾隆皇帝

名园盛景更是处处亲临，了如指掌，他也称得上是一名造园艺术的专家。正因如此，乾隆帝亲自擘划，参与设计，指导施工，检查督促，大力修建皇家园林。

乾隆帝首先是扩建圆明园，建成圆明园四十景，其后还有不少改建和续建工程。

圆明园创建于康熙年间，是建在畅春园北面一座占地上百亩的园林，康熙帝题写了"圆明园"匾额，将它赏给皇四子胤禛作为赐园林。胤禛即位后，建成了一座占地3000亩、既是园囿又是宫廷的离宫型皇家园林。胤禛病逝于圆明园后，弘历登极，他从乾隆七年（1742年）开始，重新规划设计，完善整体园林布局，召集全国的能工巧匠，开辟建设新的景区。扩建工程到乾隆九年（1744年）告一段落。这一年乾隆帝命供奉内廷的画师唐岱、沈源等绘成绢本设色的《圆明园全图》，合题跋共80幅，汪由敦奉敕书四十景御制诗。每幅绢心长2尺，阔2.4尺，檀木夹板装为上、下册。据专家考证，乾隆帝命名的四十景中有三十三景曾经雍正帝题署过，亦即雍正朝已经建成了三十三处主要的建筑群组，即正大光明、勤政亲贤、九州清晏、镂月开云、天然图画、碧桐书院、慈云普护、上下天光、杏花春馆、坦坦荡荡、长春仙馆、山高水长、万方安和、武陵春色、日天琳宇、澹泊宁静、多稼如云、水木明瑟、映水兰香、濂溪乐处、鱼跃鸢飞、北远山村、西峰秀色、四宜书屋、平湖秋月、蓬岛瑶台、接秀山房、别有洞天、澡身浴德、夹镜鸣琴、廓然大公、坐石临流、洞天深处。其余七景大约是乾隆朝新建的，即曲院风荷、鸿慈永祜、茹古涵今、汇芳书院、月地云居、方壶

镂月开云（圆明园四十景图）

胜境、涵虚朗鉴。其中有几个景区是在原有景点的基础上添建的。

四十景建成以后，圆明园每年都有建筑施工，直到乾隆十六年（1751年）首次南巡以后，又据带回北京的江南名园胜景的摹绘图样，陆续修建了一批新的建筑组群和小园。乾隆二十年（1755年）仿无锡寄畅园改建了廓然大公，使这里"前接陌柳，后临平湖，轩堂翼然，虚明洞澈"，乾隆帝题写《廓然大公八景》诗。其中一景为"规月桥"，在正殿双鹤斋之西，跨湖为桥，圆如半璧，桥映水中，成为满月，是非常别致的一处景观。乾隆二十八年（1763年）把杭州名胜柳浪闻莺、断桥残雪移植在福海岸边，加上原有的苏堤春晓、花港观鱼、雷峰夕照、双峰插云、南屏晚钟、三潭印月、曲院风荷、平湖秋月八处，西湖十景全部仿建成功。同年乾隆帝还把福海对岸的四宜书屋，按浙江海宁陈氏的隅园进行改建，赐名"安澜园"。四宜书屋本为雍正时所建，它"春宜花，夏宜风，秋宜月，冬宜雪"，依山临水，很适宜居住。乾隆六次南巡，有四次都到海宁并且住在盐官镇汉人陈元龙的私家园林隅园，并赐名"安澜园"。此园坐落在杭州湾北岸，"喜其结构致佳"，返京后将四宜书屋按图改建后，也命名为安澜园，还写了《安澜园记》和《安澜园十咏》诗。乾隆帝对安澜园有特殊的喜爱，且一临此园即联想到隅园。看到胙经馆，就说"不减陈氏藏书楼也"；临幸无边风月之阁，就说"界域有边，风月则无边，轻拂朗照中，吾不知为在御园在海宁矣"；登上烟月清真楼，就说此楼"为纳烟月契神处，又似在陈氏竹望月阁间"；来到染霞楼小憩，就说"名目染霞，而实近冰，每来常坐此"；走进四宜书屋，盛赞"宛然盐官安澜园"！还题诗道"春夏秋冬无不宜，所宜乐总读书时。何须千里盐官忆？即景吾方勉近思。"乾隆帝对安澜园情有独钟，以致有人编造出"海宁陈氏是乾隆帝的生父"的虚妄传说来。乾隆二十九年（1764年），在安澜园以北新建若帆之阁建筑群组。乾隆四十年（1775年），在舍卫城以西仿宁波范氏藏书楼天一阁建成文渊阁，后有一套《四库全书》庋藏于此。

以上所列，是乾隆帝对圆明园进行的扩建工程。他并没有拓展圆明园的地盘，而是在原有的3000亩园林范围内，调整园林景观并增建若干建筑群组以丰富园景。乾隆时代的圆明园，其中心是大门以内由"外朝"和"内寝"组成的宫廷区。其中轴线是从园门向北边的前湖和后湖延伸。沿中轴线南端外朝的三进院落，分别建有外朝房和内阁内府各衙门的值房，二宫门出入贤良门、内朝房和膳书房、军机处值房，皇帝上朝的正大光明殿、批阅奏章并处理日常政务的勤政亲贤殿。正大光明殿北面、前湖北岸坐落着九州清晏一组大建筑群，是帝后嫔妃居住的地方，是为"内寝"。宫廷区的布局，采取按中轴线两侧严格对称的格局自南而

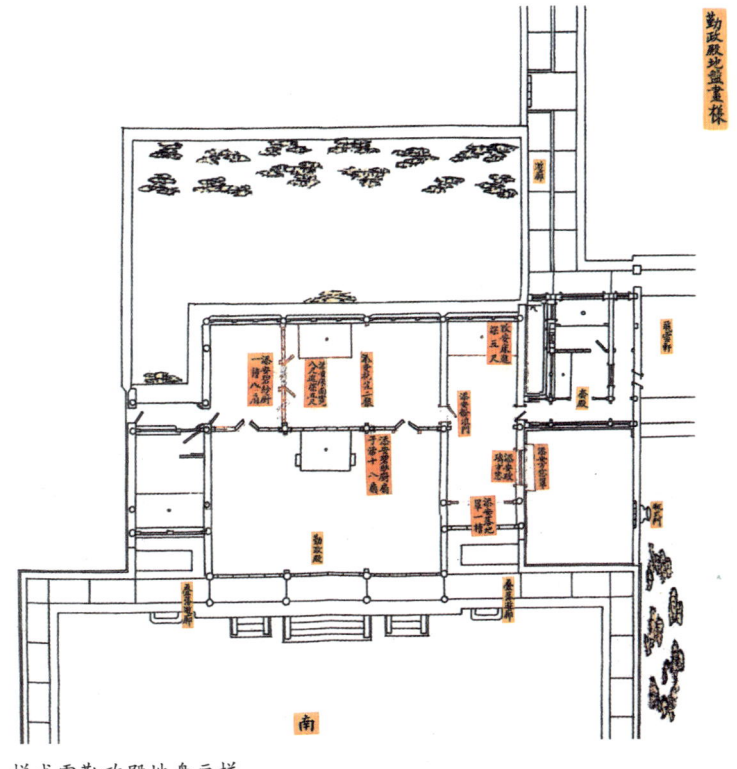

样式雷勤政殿地盘画样

北形成一个完整的空间序列。它的建筑格局和实用功能就是一个小紫禁城皇宫。圆明园的总体规划采取风景点、小园、建筑群和景区相结合的集锦方式。全园有两个大的景区，即福海景区和后湖景区，其他园区还分布着众多的小园和建筑群。

圆明园地处海淀，充分利用了水源充沛的优势，是一座水景园。园内河湖水面约占1000亩，园林造景也大多以水为背景和主题。加以仿建了一批江南风景名胜，使这座北国园林具有浓厚的江南水乡氛围和意趣。

圆明园的建成，融会了京郊多年来的造园设计施工经验和江南造园艺术，其艺术造诣达到了历代发展的顶峰。乾隆帝对此极为满意，他在《圆明园后记》中写道："然规模之宏敞，邱壑之幽深，风土草木之清佳，高楼邃室之具备，亦可称观止。实天宝地灵之区，帝王游豫之地，无以逾此。"

在乾隆九年（1744年）圆明园大规模扩建工程告一段落以后，乾隆帝即再次大兴土木，在圆明园的东边，新建了占地1000亩的圆明园附园——长春园。他为建此园寻找了一个借口，说："予有夙愿，若至乾隆六十年寿登八十五，彼时亦应归政。故邻圆明园之东，预修此园，为他日优游之地。"于是他借用雍正年间赐居"长春仙馆"之号名，将新园命名"长春园"。实际上乾隆帝"归政"后也没在此处"息肩娱老"。

长春园从乾隆十年（1745年）全面开工，两年后即基本建成了中心岛和西部、北部各主要景群。十七年（1752年）建成倩园。十二年至二十五年建成西洋楼景区。二十三年（1758年）

仿杭州汪氏园建成小有天园。三十一年（1766年）建成映清斋。翌年仿江宁瞻园建成茹园以及鉴园。三十五年（1770年）含经堂后廊改建成淳化轩。三十七年仿苏州园林在园东北角建成狮子林。至此，长春园的修建工程方告结束。

长春园不像圆明园那样添建和续建，而是另辟新地，自由创建，所以乾隆帝得以完全按自己的意愿进行规划设计，这使得此园从造园艺术上讲具有鲜明的独立性、创新性和完整性。长春园的轴线在宫门内偏西，从中心岛上的含经堂、淳化轩、蕴真斋轴线向北延伸，穿过湖北岸泽兰堂直达西洋楼景区的观水法、大水法、远瀛观，长达600米。

长春园也是一座水景园，全园就是一个巨大的湖泊。由于岛和堤的穿插和切割，形成了七八个断续相连的大小湖面，最大的一处水面长350米、宽200米，最远水上视距达400多米。中心岛面积约有百亩，主要建筑是含经堂和蕴真斋，二者东西有廊庑相接，乾隆帝将重镌的《淳化阁帖》石刻嵌

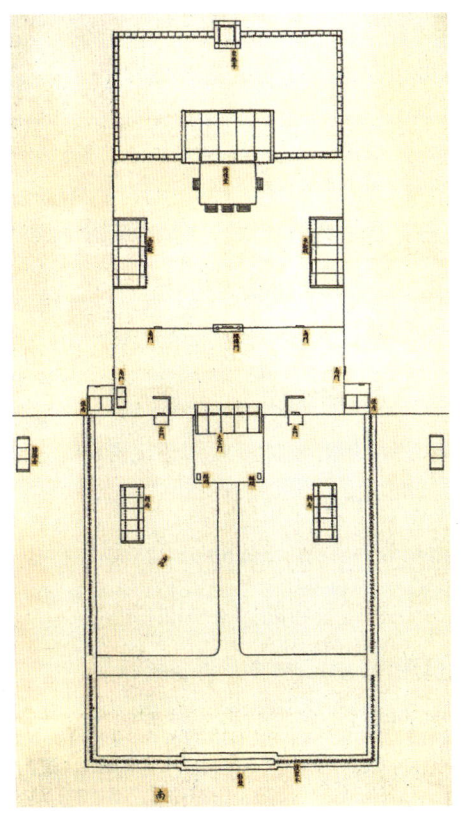

样式雷长春园宫门区平面图

在廊壁上，并在庭院添建一座名叫淳化轩的书斋。这就是他原拟归政后的优游之所。他说："果如所愿，得以翰墨静娱，诚至乐也。"中心岛周围湖面上建有思永斋、映清斋、玉玲珑馆等景观。其中最引人注目的是中心岛西北湖面上耸立着的那座雍容端庄、金碧辉煌的崇坛高阁，它就是被乾隆帝比作瀛海仙境的海岳开襟。这是乾隆帝游览长春园时出圆明园东部明春门，经岸边流香渚方亭所看到的第一大型景观。它坐落在一个直径为80米的两层石砌圆坛上，周边有汉白玉栏杆环绕，主要建筑三层，四脊攒尖顶铺黄色琉璃瓦，安装圆式包金铜亭顶。作为其衬景的是隔水仙人台长岛上的灿若红云的万株牡丹花海，真个是堆金砌玉、溢彩流光、袭芳笼影、万紫千红。赵光华先生在论及长春园建筑及园林花木时曾给予海岳开襟以高度的评价："远望如海市蜃楼，近睹如登仙界。楼阁建筑之美，以圆明三园比之，当推此处最为精彩。"

　　长春园的四周是一个长达五里的环形风景带，蜿蜒的群山和茂密的树林将虎皮石围墙遮隐起来。这条沿湖游览线上布列着澹怀堂、倩园、鉴园、如园、狮子林、泽兰堂等园林景点和建筑群组。狮子林是仿苏州名园狮子林修建的。乾隆帝第二、三、四次南巡时都曾游赏狮子林，他对画家倪云所绘《狮子林图》十分赞赏，且持图与实物对照核证。乾隆帝在构建长春园狮子林时，还大量汲取了倪氏故乡山庄的一些风景建筑，如云林堂、清閟阁等。长春园狮子林西部以建筑为主体，如敬修斋、华邃馆、横云轩等。东部以叠石为主体，除建有清閟阁、云林石室等堂阁楼斋外，还用大量太湖石堆砌成连绵不断的一座狮形峰峦，无数山石蜿蜒盘

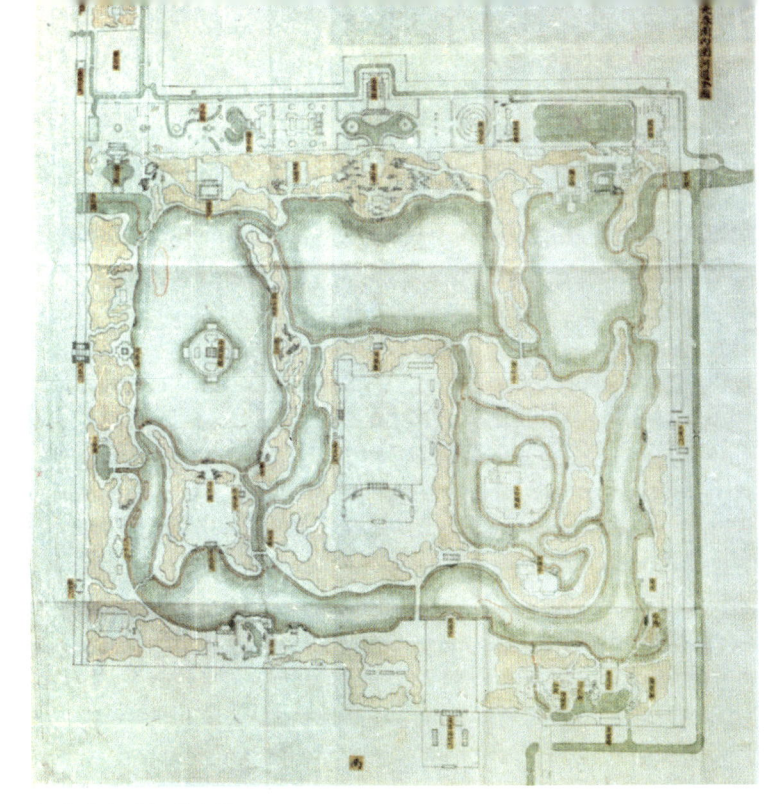

长春园内围河道全图

踞，洞府四通八达，峰奇涧幽，峦影湖光，体现出造园的缜密和匠心。

　　长春园的北部有一块东西长800多米、南北宽70米的带状地区，从乾隆十二年（1747年）开工，二十五年（1760年）竣工，建成别具一格的西洋楼景区。这个由在清廷供职的法国传教士蒋友仁、王致诚和意大利传教士郎世宁设计和监修的景区，模仿了竣工不久的法国凡尔赛宫，是我国历史上一次规模较大地仿建欧洲式宫殿和园林。景区在建设过程中，也汲取了中国园林和建筑的优点，无论在总图布置方面，还是在建筑形式和材料选用方面、在造园的内容方面以至在花木配置和修剪方面，都是中西合璧，达到比较完美的境界。景区的游览路线由西往东，从谐奇趣、

观水法(铜版画)

万花阵开始,穿过方外观和五竹亭之间的甬路,便是景区最大的西洋楼建筑海晏堂。出东门是由远瀛观、大水法、观水法组成的中心景区。再往东便是线法山、方河和线法墙。西洋楼景区最突出的是喷泉景观的建设。谐奇趣北面有一座两层各五楹的蓄水楼;海晏堂主楼接连着一座东西向十三开间的工字楼,也是一座蓄水楼。楼内有一方建在砖砌高台上的长85.5尺、宽18.5尺、深4.5尺的巨大蓄水池——锡海,能蓄水280立方米。景区在谐奇趣楼南、海晏堂楼西和远瀛观楼南建成三座大型喷泉和其他一些花式喷泉,把这一西洋造景手法运用得淋漓尽致。其中以喷泉组群"大水法"最为精致巧妙、壮丽多姿,以至乾隆帝专门建造了坐南朝北的"观水法",以便尽情欣赏这桩新奇的西洋景观。

在乾隆三十四年(1769年),御旨将长春园南边的春和园改名绮春园,并御题"绮春园"匾额。春和园原是大学士傅恒及隆福安的赐园，后归入御园。三十八年（1773年）在绮春园南部修建了一座藏传佛教寺庙正觉寺。园内的其他景观大多是乾隆去世后由他的继承者嘉庆帝完成的。嘉庆十年（1805年），嘉庆帝写成"绮春园三十景诗"。这三十景色包括敷春堂、清夏斋、涵秋馆、生冬室等，大多分布在东部和西北部。嘉庆十八年（1813年）前后，修建了勤政殿、新宫门、凤麟洲、鉴碧亭等。后来又在西南部修建了畅和堂、澄心堂等。这座皇苑成为清帝园居活动的重要场所。

至此，圆明园成为圆明、长春、绮春三园的总称，这就是"圆明三园"的来历。

修复后的鉴碧亭

发生在圆明园中的大事

乾隆帝的一生与圆明园有不可分割的紧密联系。他从做皇子时即在这里读书、交友,又目睹皇父雍正帝在这里病逝;即帝位后,在正大光明殿临朝听政、宴请外藩、寿诞受贺,在勤政亲贤殿批阅奏章、召见臣僚、处理日常政务;他常年居住在九州清晏的寝殿,与后妃生活在一起,过着靡费享乐的生活。这里记述的是乾隆帝御园生活的几个片断。

乾隆帝乐善堂读书、交友

弘历年轻时在圆明园的读书处是桃花坞,以后又移居长春仙馆。桃花坞内有两处书房,其中一处名"乐善堂"。他写过一篇《乐善堂记》,收在《乐善堂集定本》卷八,记述当时读书境况:"余有书屋数间,清爽幽静,山水之趣,琴鹤之玩,时呈于前。菜畦数亩,桃花满林,堪以寓目。额之曰'乐善堂'者,盖取大舜取于人以为善之意也。"后来他做了皇帝,命名圆明园四十景时,将桃花坞改名"武陵春色",写有诗并序:"复岫回环一水通,春深片片贴波红。钞锣溪不离繁囿,只在轻烟淡霭中。"序为:"循溪流而北,复谷环抱。山桃万株,参错林麓间。落英缤纷,浮出水面，或朝曦夕阳，光炫绮树，酣雪烘霞，莫可名状。"弘历读书的环境如此清幽秀美，真如陶渊明《桃花源记》所说"忽逢桃花林，夹岸数百步，中无杂树，芳草鲜美，落英缤纷"，是一座世外桃源。

弘历在皇宫重华宫有一座前殿崇敬殿，也称"乐善堂"，同是做皇子时的读书处。弘历为此又写一篇《乐善堂记》，开篇即说："昔《乐善堂集》中，有所谓《乐善堂记》者，盖用此堂之名，以名圆明园赐居桃花坞之堂，而记亦记彼处之胜，与宫中此堂无涉也。……今斯堂则为重华宫之前殿，不可以桃花坞堂之记概之。"两篇《乐善堂记》之内容都是写书处，但一堂在大内重华宫，一堂在圆明园桃花坞。

弘历在圆明园的读书处，后来迁移到长春仙馆。他形容这里是"常时间寝地，曩岁读书堂。秘阁冬宜燠，虚亭夏亦凉"，"循寿山口西入，屋宇深邃，重廊曲槛，逶迤相接。庭径有梧有石，堪供小憩。予旧时赐居也"。后来，经修整彩饰，每逢佳辰令节，就成为迎奉皇太后的膳寝之所。

弘历的读书生活严格而又紧张，因为雍正帝非常重视皇子们的教育，规定了严格的管理制度，早来晚走，诵经研史，吟诗作文，骑马射箭，每天都要学习十小时以上。雍正帝聘请名流宿儒为老师，皇子们既学满语又学汉语，对历朝兴衰和儒家传统文化有系统的了解。弘历有十几位教师，但他特别推重三位先生：一位是他"得学之基"即奠定他一生学业基础的福敏，一位是"得学之体"即引导他了解儒学真谛的朱轼，一位是"得学之用"即帮助他掌握学以致用工具的蔡世远。弘历对这些曾教给他做皇帝的最基本知识与本领的老师们，始终怀着尊敬和感激之情，多次在诗歌中表现对他们的怀念。

弘历有几位同窗共读、感情融洽的伙伴：一位是从小相伴、从师共学的同岁五弟弘昼，一位是比他小五岁的二十四叔允祕，另一位是与他同岁的二十一叔允禧；另外，弘历自称"长春居士"，而称弘昼为"旭日居士"，称另一位伙伴福彭为"如心居士"。福彭比弘历大三岁，自幼聪明伶俐、勤奋好学，被康熙帝看重，养育宫中，这是特殊的恩宠。雍正帝看中了这位较弘历年岁稍长而品学兼优的青年，希望他能成为皇子们的榜样，有利于他们健康成长。弘历与福彭同窗六载，互相尊重，切磋琢磨，相知甚深，情谊尤笃。弘历称赞福彭"虽年少而器识深沉，谦卑自牧，娴学问，通世理"（《送平郡王往盛京修理福陵前河道序》），还说他"器量宽宏，才德优长，在书室中与之论文，每每知大意，而与言政事，则若贯骊珠而折鸿毛也"（《送定边大将军平郡王西征序》）。福彭则说弘历"每为文笔不停缀，千言立就，而文思泉涌，采翰云生"（《乐善堂文钞序》）。雍正十一年（1733年）秋，福彭被皇帝任命为定边大将军，衔命西征，弘历亲往清河送行，并写《清河送平郡王西征》诗以志其事："宗翰临戍剑气寒，来廷屈指觐呼韩。秋风惯拂征人面，马上何须回首看。溶溶碧水向东流，戎马催程敢重留。莫把渭城新曲子，翻成水调唱凉州。武略文韬借指挥，书斋倍觉有光辉。六年此日清河畔，君作行人我独归。"诗中充满着对这位才华横溢的同窗戍边建功的热切期望和依依惜别的深情。福彭统军边疆期间,弘历将自己的诗文辑为《乐善堂文钞》,请福彭作序。福彭写好序文送回京城,弘历将序文刊于卷首。这是流传至今的福彭的唯一一篇文章。弘历对这位万里之处的同窗挚友眷念至深,在阔别一周年时写诗怀念:"徘徊倚石栏,闲望舒清吟。却忆昨年秋,今昔送知音。(原注:癸酉年八月三日平郡王奉命西征。)边陲渺天末,飒沓霜风侵。抚景怀契阔,踌躇思不禁。南仲方出车,颉利未生擒。月明人尽望,壮士秋思沉。"(《八月三日作》)这种思念形成许多感情真挚的诗篇,如说:"如心居士在军营,年来王事劳驰骋。即此清凉夜雨秋,行帐残灯悬耿耿。"(《夜卧听雨怀平郡王》)后来雍正帝去世,弘历即皇帝位,立即将福彭召京城,命协力总理事务。直到福彭在乾隆十三年(1748年)病逝,弘历还发出谕旨:"平郡王宣力有年,恪勤素著,今闻患病薨逝,朕心深为轸悼,特遣大阿哥携茶酒往奠,并辍朝二日。"表达了对昔日同窗的悼念。

弘历还在读书期间,雍正帝即封其为和硕宝亲王,并让他参与一些礼仪性活动,在政治舞台上频频亮相,以增长参政才干,为全面主持政务做好准备。

雍正帝病逝

雍正十三年八月二十二日(1735年10月7日),雍正帝病倒在圆明园。御园内中秋节后那种喜庆平和的气氛一扫而光,皇帝寝宫内外弥漫着悲戚、惊恐和忙碌的气氛。御医恭侍榻前,一张张药方开出了,服药了,仍无济于事。戌时入夜以后,胤禛的病情急剧恶化。他已预感到自己将不久于人世,用尽最后的力气,下达了十多年帝王生涯中最后一道谕旨:"传命召庄亲王允禄,果亲王允礼,大学士鄂尔泰、张廷玉,领侍卫内大臣丰升额、讷亲,内大臣海望入宫。"

此时,弘历、弘昼等皇子正在病榻前伺候。看着濒临弥留之际的皇父,悲痛万分。胤禛到底得了什么病呢?原来,胤禛自幼就有健壮的体魄,即位后日理万机又事必躬亲,以勤政闻名于世。由于操劳过度,身体垮了下来。雍正八年(1730年)开始,在圆明园请来道士,点起长年不熄的阴阳火,在烟雾缭绕中一批批金丹出炉了。胤禛希图用金丹"补益元气",以延年益寿。谁知病情反而越来越重了。人们都怀疑他服铅中毒,但也有人说是患了另外的病症。

允禄、允礼等王大臣赶到圆明园,见到病重垂危的皇帝时,惊骇欲绝。他们担心和忧虑的事终于发生了。他们急趋御榻前请安,见与之朝夕共处的一国之主已无甚反应了,便退出门外。

二十三日午夜子时,年仅五十八岁的胤禛,未来得及口传遗命,便猝然崩逝,一命归西。寝宫内外立即响遍悲痛的哭号声。

在王公大臣们的心里,有比悲痛和治丧更重要的大事,即由谁来继承皇位。众文武大臣茫然不知所措,只有鄂尔泰和张廷玉心中有底。原来,雍正帝登极时,鉴于康熙年间曾两次立太子,又两次废太子,储君问题反复折腾、争斗了几十年,须吸取历史教训,便创立了秘密建储的办法:将由皇帝书写好储君名字的密旨贮于锦匣，收藏在乾清宫的"正大光明"匾额后边，这就确定了将来继位的君主。胤禛在雍正元年（1723年）即写好密旨存放在匾上，当然是秘而不宣。但雍正七年（1729年）冬，他患重病唯恐不久于人世，即将密旨内容告诉了心腹大臣张廷玉，嘱托后事。雍正十年（1732年）又讲给了另一心腹大臣鄂尔泰，并叮嘱他们两个人："汝二人外，再无一人知之。"除匾上密旨外，雍正帝还另写一道同样内容的密旨随身携带，以备作为核对之用。诸王大臣在皇帝驾崩后，都处在悲痛和惶惑之中，张、鄂二人对

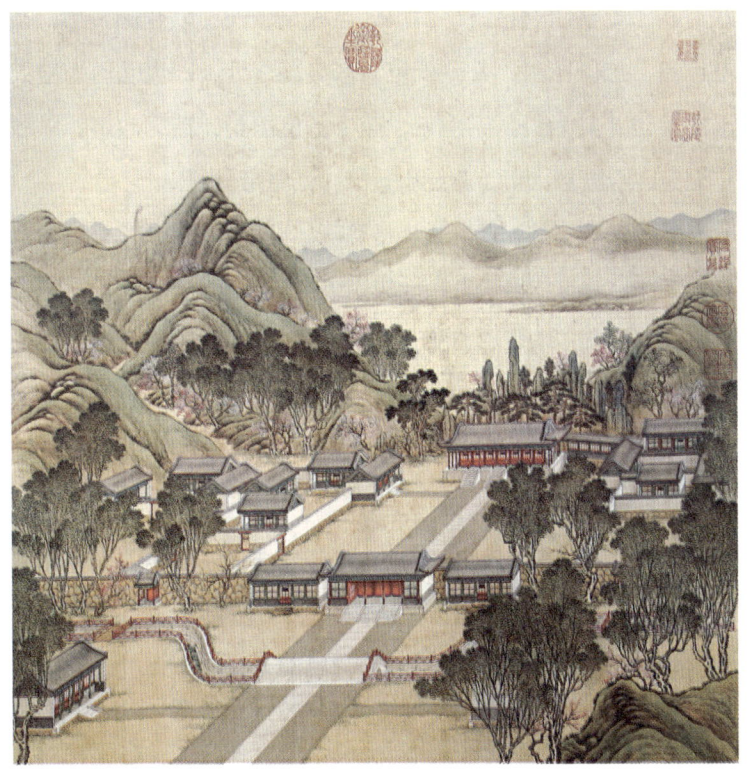

正大光明（圆明园四十景图）

他们说:"大行皇帝因传位大事亲书密旨,曾示我二人,此外无有知者。此旨收藏宫中,应急请出以正大统。"便吩咐总管太监取出密旨。总管太监说:"大行皇帝未曾谕及,我辈不知密旨所在。"张廷玉提醒说:"大行皇帝当日密封文件,谅亦无多。外用黄纸固封,背后写一'封'字者即是此旨。"总管太监果然在皇帝的书简遗物中,找到黄纸密封的密旨。张廷玉当众打开遗诏,一字字宣读:"宝亲王皇四子弘历,秉性仁慈,居心孝友,圣祖皇考于诸孙之中,最为钟爱,抚养宫中,恩逾常格。雍正元年八月朕于乾清宫召诸王、满汉大臣入见,面谕以建储一事,亲书谕旨,加以密封,收藏于乾清宫最高之处,即立弘历为皇太子之旨也。其后仍封亲王者,盖令备位藩封,谙习政事,以增广识见,今既遭大事,著继朕登极,即皇帝位。"

弘历听到皇父的遗诏,又是悲痛,又是感激,哀号仆地,泪如雨下。他就这样名正言顺地成为统驭亿万臣民、天下至尊的皇帝。他根据雍正帝临终遗命,宣布由允禄、允礼、鄂尔泰、张廷玉四大臣辅政,一个新的最高权力中心宣告诞生。他连夜奉皇父遗体返回紫禁城。寅时到乾清宫取下"正大光明"匾额后的密旨,又当众宣读一遍,使弘历的新君地位得到最后的确认。

八月二十七日,清廷向全国颁布了雍正帝的遗诏。九月初三日,弘历在祭告了天地祖宗之后,于紫禁城内的太和殿登上了皇帝的宝座。这就是清代第四位皇帝清高宗。这时他年仅二十五岁。

乾隆帝常驻圆明园

清代自康熙帝始就把海淀的皇家园林作为夏宫,常年居住在这里,不仅在御园休憩、游乐,还建起朝廷处理政务。畅春园、静宜园、静明园、清漪园都有勤政殿,圆明园有正大光明殿和勤政亲贤殿,都是批阅奏章、接见臣僚、处理日常政务的地方。康熙帝在畅春园施展雄才大略,把国家引向繁荣富强之路,最后逝于畅春园清溪书屋。雍正帝则在新建的圆明园度过他十几年的帝王生活。雍正十一年(1733年),全年共计355天,胤禛有246天生活在圆明园,占全年天数的近百分之七十。他最后在圆明园病逝。乾隆帝在他十二岁时进入圆明园,后随皇父在园内乐善堂和长春仙馆居住并读书学习、游乐,在六十年帝王生涯和做太上皇的日子,也有一半多时间生活在圆明园。根据《乾隆二十一年

圆明园宫门前条石辇道

穿戴档》统计，二十一年（1756年）有闰九月，全年393天，弘历在大内住105天，去木兰围场66天，去曲阜54天，居住在圆明园168天。这年大年正月初八日他从皇宫来到圆明园，一直住到月底。四月初一日从大内来御园后，直到八月十七日才离园到木兰围场去。即使冬秋季节，差不多每月都要来园住几天。住在御园，乾隆帝照例经常到畅春园去向皇太后问安。这一年他到清漪园游览最勤，计45次；到静明园18次，是为了祈雨和游览；此外，还到过黑龙潭、大觉寺、觉生寺、西顶广仁宫以及清河、倚虹堂等处。这些地点全在西郊，今海淀区界内。

乾隆帝是怎样在御园度过他的每一天呢？让我们从历史资料《乾隆二十一年穿戴档》的写实中，选择乾隆二十一年（1756年）春、夏、秋季各一天，来进行一番探索：

正月十七日：晨起，乾隆帝乘四人暖轿至正大光明殿，看《宁鳌山》（戏名）。至勤政殿办事。乘拖床至同乐园码头，乘四人暖轿游行。至同乐园进早餐。至进晚膳后，乘拖床游行。至九州清晏，少坐，乘四人暖轿至山高水长。率蒙古王子、台吉等看摔跤、放花炮、盒子、舞灯。仍乘轿，由两对花手把灯引着至十字亭码头。乘拖床至同乐园码头。步行，由太监执两对宫灯引着游行。至黄查查里（满语帐篷）少坐。至前码头乘拖床。花手把灯引着，回至九州清晏讫。

五月初一日：换穿红青缎厚棉褂，佩戴珊瑚云大荷包、五毒小荷包、龙舟船小荷包。由后码头乘船至慈云普护拜佛。仍乘船至万方安和码头。乘四人亮轿至清净地磕头。仍乘轿至佛楼、舍卫城拜佛。至同乐园进早膳。乘船至勤政殿办事，引见。乘四人亮轿至广育宫、长春园拜佛。回来至望瀛洲看演龙舟。乘船至同乐园进晚膳后，至秀清村，少坐，回至九州清晏讫。

八月初三日：乘八人亮轿"出入贤良门"，进前园（畅春园）西北门，至集凤轩请皇太后安。乘四人亮轿至讨源书屋进早膳，办事，引见。乘轿至万寿山，乘船至静明园游行。仍从旧路回来，进藻园门，至山高水长办事。至万方安和。乘船至同乐园，进晚膳后，由秀清村回九州清晏讫。

弘历在御园中的生活很有规律，根据季节变化有不同的安排。除去重要的政事活动外，问安、接见、游园、节庆、看戏、宴请、拜佛、祈雨等等，是经常性的活动。弘历有一整套养生之道，所以他虽政务十分繁忙，却身体健康，很少患病，成为中国历代皇帝中寿命最长的人。弘历自幼到老都按时作息，天还未亮，在寅正（早四时）准时起床，卯正后至辰初（早六时至七时）进早膳，未正（下午二时）后进晚膳。据乾隆朝《穿戴档》《膳底档》记载，弘历一般在晚膳后就在园中漫步，或乘轿游园，夏季则多乘船在溪湖中遣兴，有多处记载"乘船游湖""乘船看放河灯""乘船往长春园游行"等。在园中散步，是弘历的经常性活动之一，每天早膳前的活动常常步行进行。如从同乐园步行到永日堂、舍卫城拜佛，从九州清晏步行到金鱼池喂鱼等。晚膳后由太监陪同散步的时间就更多。他把散步当作防止病患、调神健身的有效方法。他经常参加各种体育运动，活动筋骨，锻炼身体。除秋狝围猎以外，骑马射箭是必不可少的项目。清早起床后，还在林中湖畔"行呼

九州清晏图（圆明园四十景图）

吸吐纳之功",即练气功。他有一套养生秘诀：吐纳肺腑,活动筋骨,十常四勿,适时进补。他坚持"四勿",即食勿言、卧勿语、饮勿醉、色勿迷,以此作为强身之道。

弘历很注意饮食营养调配,注意食品的补益作用。根据对《膳底档》中记载,乾隆四十八年（1783年）正月在同乐园的膳单统计,发现其晚年的饮食结构非常科学、合理,副食既丰盛又做到荤素搭配,改变了年轻时以温热的鹿、熊、狍、鸡、牛、羊等肉食为主的饮食习惯,而以滋阴的燕窝、鸭子等食品为主。全月共一百三十九品菜,既有各种肉食及肉禽的五脏,又不乏各种时令蔬菜如白菜、菠菜等；既有强身健脾胃的药膳,如山药、莲子等,也有富含蛋白质的豆腐、豆芽、绿豆粉丝等豆制品；既有菌类的口蘑、冬笋,又有山珍野味如燕窝、海带等。有时候弘历还指名点菜，有些虽不是珍馐佳肴，但他却很爱吃，如菜谱上记载他一个月内就要了三四次炒木须肉和小葱摊鸡蛋等家常菜。主食花样也很多，做到五谷相杂、精粗相宜，全月共计四十九品。每餐都备粳米饭、杂粮做的米面糕、荤素馅饺子和包子，早餐还备有易消化的烫饭、烂面条、馄饨、包子、果子粥、燕窝汤等。此外，弘历还经常在晚膳饮用玉泉水酿制的宫廷药酒——玉泉酒，这种酒也有滋养健身作用。

圆明园地处山川秀美的京城西北郊，园内水面广阔，空气新鲜，树木成林，花草繁茂，有良好的生态环境。弘历经常巡游于三山五园之间，还多次巡幸江南、祭孔泰山、避暑承德、秋狝木兰，除完成其政治宏图外，还投身于广袤的大自然，身心都得到陶冶和调养。这使他得享长寿，成为中国实际执政时间最长的皇帝。

新春节庆活动

每届春节，乾隆帝在皇宫都有例行的节庆活动，如拜天祭祖、举行元旦朝贺大典以及宗亲宴、延臣宴等。之后便前来圆明园开始一系列比较自由的各类文化娱乐活动，其中最具特色的就是逛买卖街和观看烟火。

买卖街是在御园建成的一条模拟商业街，是乾隆体验民间商业活动的一座宫市。每年春节期间从新春元旦到正月十九日的燕九节结束，这个宫内庙会就热闹红火起来。嘉庆朝进士姚元之所著《竹叶亭杂记》一书，对乾隆帝逛买卖街的情景，曾作过生动的记录:"高庙时,每新岁园中设买卖街,凡古玩、估衣以及茶馆、饭肆,一切动用诸物悉备,外间所有者无不有之,虽至携小筐卖瓜子者亦备焉。开店者俱以太监为之。其古玩等器,由崇文门监督先期于外城各肆中采择交入,言明价值,具于册。卖去者给值,存者归物。各大臣至园,许竞相购买之。各执事官退出后,日将晡,内宫亦至其肆购物焉。其执事等官,俱得集中酒馆、饭肆哺啜,与在外等。饭肆中走堂者,俱挑取外城各肆中声音响亮、口齿伶俐者充之。每俟驾过店门,则走堂者呼茶、店小二报账、掌柜者核算,众音杂沓,纷纷并起,以为新年游观之乐。"开市期间,由太监装扮成手工艺人、游商、小贩、士兵、法官、说书卖艺者以及游人顾客,在街内来来往往,或叫卖或购物,忙忙碌碌、喜气洋洋,衬托得这条繁华的大街充溢着喜庆与热闹。弘历每年都要亲临买卖街,满朝文武高官随侍于后。他在沿街商店里出高价购买各类货物商品,比如珠宝、瓷器、绸缎和工艺品,分赐后妃、官员和随从人员。弘历在买卖街游逛,有时还会遇到由太监扮成的窃技高超的小偷,若不幸当场被逮,还要佯装法办,送往监狱。据说,有一次乾隆帝抓住一个"小偷",惹得他龙颜大悦,出手赏给这个"小偷"一百两白银。买卖街模拟的商业活动,给幽静的御园带来些许嘈杂喧嚷和生气,使乾隆帝能从一个侧面了解普通百姓的日常生活,体验民间习俗和人情世态,给他带来新鲜和乐趣,所以买卖街的活动在乾隆朝一直延续下来。

买卖街的宫市还没撤摊儿,正月十五上元节——也是元宵节、灯节——便来临了。除乾隆十一年(1746年)和三十年(1765年)

在皇宫庆贺元宵节观灯外，其余年份，乾隆帝都是在圆明园山高水长欢度佳节。山高水长"在园之西南隅，地势平衍，构重楼数楹。每一临眺，远岫堆鬟，近郊错绣，旷如也。为外藩朝正锡宴陈鱼龙角抵之所。平时宿卫士于此校射"（乾隆帝《山高水长》诗序）。山高水长是圆明园四十景之一，地势开阔平展，四周树木掩映，西、南、北三面环水，东南逶迤山林为屏，依冈峦建有重楼九楹，并有山水清音、四方宁静等房舍。楼前百亩广场正是举行大型歌舞表演和燃放烟花的理想场地。

山高水长图（圆明园四十景图）

为迎接灯节到来，先在山高水长和出入贤良门前搭建起两座扇面形牌楼，面阔两丈，进深五尺五寸，通高五丈五尺。牌楼分三层：一层是闪光的"天下太平"四字；二层是无数鹆鹆上下翻飞，意在放生；三层是四名孩童在击鼓唱歌。这座灯光牌楼光彩夺目，动静结合，寓意深远。还要搭建一丈见方、高一丈五尺的角楼八座，竖于园内各处，色彩鲜艳，光芒四射。山高水长楼前设有一架六丈多高的灯棚。灯棚南边为一条条坊巷胡同，中列黄河九曲灯及各类彩灯无数，一灯一旗，回环往复，彩光眩目，类似一座灯火迷宫。广场正中耸立着几十座烟火盒架，还有西洋秋千以及"抬头见喜""福自天来"等人物灯座。

上元节这天，乾隆帝走到哪里，鞭炮声就响到哪里。申时（下午三时至五时），鞭炮声跟着皇帝一直响到山高水长楼前。乾隆帝在御座落座后，宗室、外藩王公、王、贝勒及一品文武大臣，南书房、上书房、军机大臣以及外国使臣等，在两翼入座。赐茶后，有各种乐器演奏和满洲、蒙古歌曲演唱，朝鲜等国和少数民族王公带来的艺人演出本国或本民族的歌舞节目。接着是摔跤、爬竿、射击、马戏各类表演比赛。最吸引人的是八旗马戏竞技，表演者或单脚立于鞍镫疾驰，或双脚站在马背飞奔，或扳马鞍步行继而并马驰行，或二人对面驰来刹那间互换坐骑，或甲跳到乙背上疾驰而去，这精彩的马背奇观令人叹为观止。此时日落西山，黄昏降临，蓦然千百灯盏齐明，光耀天宇。广场出现了三千名持灯劲舞的健儿，口唱太平歌词，队列变换无穷，舞姿刚健优美。一会儿三千人排列成一个"太"字，一会儿又变成了"平""万""岁"

等字样，最后排成"太平万岁"四个闪光的翠蓝色大字，四周环绕衬托着无数朵叶绿瓣红的牡丹花。舞灯组字表演和鱼龙花卉等各种吉祥图案的彩灯造型，引来阵阵喝彩。舞罢，瓶花点燃，火树澎湃，插入云霄。悬于高架上的灯盒全部打开引燃，层层脱落，抖亮出串串灯笼及宝塔楼阁模型，红亮耀眼。燃烧将尽时，数十只鸽子和喜鹊从盒中飞出，给人们带来一阵节日的惊喜。广场中烟花齐放，飞星奔突，万爆齐作，轰雷震天。更有千万尾红鱼奋力跳跃于云海，名为"千叶莲花"的烟花在星宇绽放，彩色烟雾弥漫于夜空。人们在灯火明灭、烟光幻影中，仿佛来到人间仙境。在众人激赏欢腾的时刻，乾隆帝将元宵和干鲜果品颁赐给王公大臣。群臣恭谢皇恩，一派热烈壮观的群臣行乐景象。乾隆帝每年都写有《上元灯词》以记其盛，其中一首写道："西山积素未全消，先日祥花又细飘。嘉夜于于宜共乐，天教人度好元宵。……岁岁徽音奉豫游，行行火树映西楼。飞空万道金鱼箭，献寿都为海屋筹。……翠蓝火结太平字，丹碧烟擎富贵花。虽是灯前呈吉语，祥征愿共万民家。"乾隆帝的乐善堂同窗慎郡王允禧（号紫琼主人）也据亲身体验，写出《圆明园召对看烟火恭纪》诗记此元宵盛会："银汉星河不动尘，斜飞火凤入勾陈。一声雷起地中蛰，万树花开天上春。太乙高楼灯似昼，未央前殿月移轮。君王行乐新年盛，先使恩光遍近臣。"一宵佳节，御园享乐，不知消耗了多少钱财银两。据记载，乾隆三十九年（1774年），总管内务府为圆明园宫门内放白日盒子一份，引见楼摆盒子一份，山高水长烟火场子摆烟火，所用大小石鼓计有三百五十八个，共拉杉篙三十三车，应用搭材匠役四百五十个，运夫四百五十七名。如果统计出全部花销，定是个惊人数字。这样每年一届连续举办了半个多世纪，耗费就更可观了。

在上元节期间，乾隆帝晚上在山高水长观赏烟火，白天则在同乐园赐宴听戏。同乐园在福海西岸的坐石临流景区，大戏楼清音阁是圆明园最大的戏台，此外还有武陵春色的戏台，长春园淳化轩的大戏台、大戏楼、扮戏房。清音阁是三层戏楼，宽十丈，下层安设机轴，演戏时神佛可以从"天上"（三层）降下，鬼怪能从"地狱"（底层）钻出。戏台坐南朝北，南边是五间扮戏房，北边是五间两层看戏楼，二楼正中御座正好与戏台二层相平，是看戏的最佳位置。乾隆帝是个戏迷，精通戏曲，对戏曲各个行当都很熟悉，还能亲自设计唱腔，称"御制曲"。他作为一名戏曲倡导者、组织者和行家，将在清音阁与臣僚同台听戏，视为一件人生乐事。剧目非常丰富，南府为他准备的"节令开场"剧目三百一十二出，"承应大戏"剧目三十二出，"昆腔杂戏"剧目三百一十二出，其中由他扶植和喜爱的"弋腔"剧目五十九出。戏曲演员阵容强盛齐全，名伶辈出。由八旗子弟选至宫中的伶人（称旗籍学生）和从苏州等地民间选来供奉内廷的伶人（称民籍学生），合称"外学"，有一千人之多；由太监选入南府演戏的称为"内学"，也有一千人。乾隆帝从中挑选合适人员，到清音阁演出"节令开场"等剧目，召来酒足饭饱的王公大臣同台赏戏，又是一番太平盛世景象。

隆重靡费的万寿庆典

乾隆帝的生日是八月十三日,被钦定为"万寿节",与冬至、元旦同列为国家的三大庆典。每逢此节,包括皇太后的万寿佳节,都会不惜花费巨额国帑和搜刮民财举办各类庆祝活动。

弘历的生母钮祜禄氏,生于康熙三十年(1691年),十三岁时被当时的皇四子贝勒胤禛纳为格格,康熙五十年(1711年)生弘历。乾隆帝即位后她被尊为皇太后,居慈宁宫。乾隆六年(1741年)十一月十六日,皇太后五十整寿,乾隆帝为她举行盛大的庆祝活动。皇太后从畅春园回皇宫的路上,两旁跪满了老人,全是八旗官员、兵丁男妇和年老太监。只组织这些老人便花销了白银十万余两,绸缎七万余匹。

乾隆十六年(1751年),皇太后六十寿辰,庆典规模更大。从万寿山新建的大报恩寺到皇宫的路上,分别由内务府和各省督抚搭建了无数经坛和戏台,有玻璃镶嵌墙壁的黄鹤楼、孔雀尾做屋瓦的翡翠亭,各色建筑争奇斗艳,南腔北调,歌扇舞衫,场面异常壮观。但皇太后从这里穿过后,即命全部拆毁。

乾隆二十六年(1761年),皇太后七十寿辰。仍循例由各省出资,分地段布置点景和经坛、戏台,并表演各种歌舞、戏曲节目。对所经道路和沿街店铺门面,全部整修装饰一新。重修了真觉寺、万寿寺、寿安宫、仁寿寺、弘仁寺,从全国各地请来一千名喇嘛进京,在万寿寺、真觉寺诵经祝寿。文武百官也前来跪拜庆祝。因为皇太后"素喜江南风景",即在畅春园和万寿寺之间修建起一条数里长的苏州街,模拟江南苏州街巷商贾店铺的繁华景象。又在京城八旗、顺天府和直隶分别组织耆老、农民、老妇各六十三人进京叩祝万寿。

乾隆三十六年(1771年),皇太后八十寿辰,仍循例举行庆典。在不少方面还有所扩大,如京城的十八座寺院统一念经九天。到乾隆四十二年(1777年)皇太后寿终正寝,这种奢侈靡费的皇太后万寿庆典才告结束。

但到乾隆五十五年(1790年)八月十三日,是乾隆帝八十寿辰。他已登极五十五年,更值五世同堂,而他已宣布要在八十五岁登极六十年时,禅位于新皇帝。他决定要隆重庆祝。

祝寿活动于七月初在热河避暑山庄拉开序幕,月底返回圆明园,在同乐园连演七天《升平宝筏》大庆戏。这是一出连台本戏,

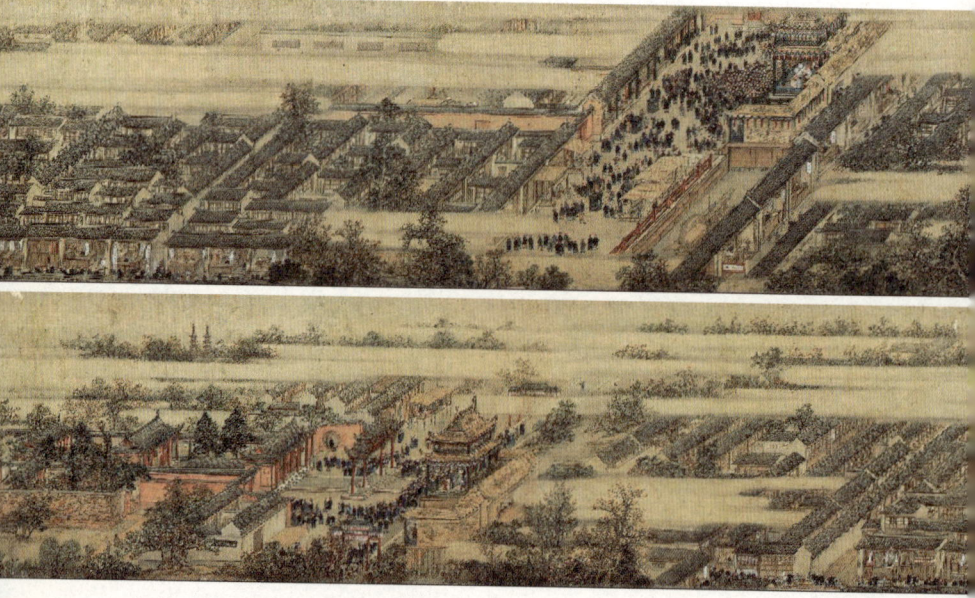

乾隆八十岁万寿典景图(局部)

共十本二百四十出,戏的内容是《西游记》唐僧取经故事。八月十二日,乾隆帝一行人从圆明园出发,由陆路进西直门返回皇宫。皇帝乘坐的礼舆华贵无比,有上为八角下为四角的穹盖两层,各角都饰以金龙,正中为金圆顶,盖沿四角有绣金龙明黄色云缎垂檐作帷幔,用十六人肩抬缓缓前行。礼舆由骑驾卤簿前导,仪仗队伍中的各种执事色彩斑斓,循序而进。皇家乐队分班演奏着用御制诗谱成的近三百乐章的《万寿衢歌》。大街两旁仍循例布置了各种点景,亭台楼阁制作精巧,花草山水几可乱真,歌舞百戏连演不辍,文武百官伏地跪拜。乾隆帝透过礼舆玻璃窗一一收在眼底。八月十三日,乾隆帝端坐在太和殿宝座上,身穿朝服,头戴珠冠,接受百官及外国使臣的朝拜和祝贺,完成了祝寿大典。八月十六日,乾隆帝返回圆明园,再次观赏沿途布置的点景,龙心大悦,重赏了承办街头点景的各省商人。在圆明园同乐园,连天观看大庆戏。到二十一日,庆典方宣告结束。在数十里长的御道两旁建造起那么多点景,又有那么多朝廷和外省官员跪拜,其壮观景象为古今罕见。这次万寿庆典,曾被绘成《万寿长图》,达一百余页。生于乾隆年间的翰林院编修吴振棫,在所著《养吉斋丛录》一书中据长图作了细致的描述。我们且看他对出圆明园门后沿途寿庆点景是如何描绘的:

> 圆明园官门外,东西为音乐亭各一。官门直南为重檐楼五楹。迤西为迎寿山,上建寿星亭,其后为阁。御道北面,为王、贝勒、贝子、公等庆祝处。

> 折而南,左为西洋楼一,平台二,宗室、觉罗官员

于此庆祝。右为奉天、吉林、黑龙江官员庆祝处。稍折而东，逶斜数百步，两水夹镜，一望渺渺。西设龙舟九，首尾舳舻，旖旗五色。东为金山景，上建江天寺，又有观音阁、御书楼、龙王庙、韩公祠、裴公洞诸胜；又为亭三，曰朝阳洞、玩古亭、望江楼；为塔一，俱仿江南位置，飞甍画栋，结构岩峣，如中泠挂帆，仰瞻楼观时也。其东为内阁、顺天府、翰林院、詹事府各官员分别庆祝。

沿堤绿阴中，缀以亭台、廊宇、药栏、花架，直抵红桥。红桥之北面为山一，形如曲尺，翼以朱栏。西旁岩洞为门，取径而登，上有亭二，亭上演万国来朝剧。山之麓，则安南国王阮光平及其陪臣，并朝鲜、南掌、缅甸各国使臣，金山、台湾山番，以至蒙古、回部各汗、王、台吉等，鞠跽道旁，瞻就天日。又顺天府属耆民及各省在京耆老，亦于此庆祝。

桥南北各有彩坊，左右各有跨水亭。过此又折而南矣。东西各设药亭，稍前为山子一，左演剧重檐台，旁置小轩，编篱落，仿西洋式为墙垣。南过彩坊，迤西依石墙为亭。直隶省官员及顺天学政率衿士庆祝。鸠筇竹马，夹道骈罗。自此至清梵寺，殆应接不暇云。

清梵寺北面为亭一，南为山子一，上建方亭、莲花亭，为山洞一。道东为彩坊一。吏部、户部官员在此庆祝。稍折而东，为重檐演剧台。南为浙江、福建省官员，北为礼部、兵部、刑部官员庆祝处。

迤东为百子图，山中有洞门，群儿俱双丫倭鬌，手持八宝及旗伞铙鼓等物，或骑竹马，或控云虬，周旋嬉戏，出入盘辟。后则峰岚排列，远望直如壶、峤。过此，即永新庄矣。庄之东，为方亭一。工部官员于此庆祝。

亭后就土为山，有演剧台，又有重檐六方亭。过此，为湖北省官员庆祝处。则粉墙一曲，绘石壁天池之胜。其北，绀殿飞甍、屹然遥对者，则双关帝庙也。

这段路沿途布置了这么多点景。按今天的地理位置说，从圆明园宫门即西苑商场迤东开始，往东经东北义园南墙到一零一中学门口，再南折过桥，经北京大学门口达海淀菜市场西，穿海淀西大街走到南头东折，经原区图书馆、区政府门口，沿南大街东南行到街口双关帝庙（即原成人教育局）止。这样一段路，即有四五里之遥。再往南折东顺御路前行，在长河北岸倚虹堂传膳，过高梁桥后入西直门。这段路上还设有众多点景，包括西洋楼、西洋房、西洋券洞牌楼，模拟建成的演武厅、碉楼、回子城、耕织房，依山临水的跨水楼、过河楼、护城河楼、百老迎寿山、万寿同庆山，天仙庙内设无量圣寿坛场，月城设万寿经棚，千名喇嘛于此诵经庆寿。各种亭台楼阁排满御道，不可胜计。城外这段共设戏台十座，分别演出三星献瑞剧、四方来贺剧、万国来朝剧、八仙上寿剧、韶乐以及各种歌舞、技巧杂耍等，演出场地周围观者如堵，人海欢腾。在双关帝庙以南，依次还有湖南、河南二省官员，都察院、六科、理藩院、仓场侍郎、侍卫处、銮仪卫、通政使司、大理寺、步军统领衙门、内务府八旗、圆明园和三山各衙门、山西、陕西、甘肃、山东、四川、广东、广西、云南、贵州各省官员，三省织造、各关监督、太仆寺、光禄寺、鸿胪寺、国子监、钦天监、太医院、健锐营、火器营、护军八旗等官员，依次在沿街跪拜祝寿。以上是从圆明园到西直门为止，城外御道上的点景布置和祝寿人员。这一段的布置装修工作，由总理庆典大臣和珅与金简承办。城内一段由两淮、长芦、浙江商众承办。所需经费，于王公大臣、八旗、各部官员的俸廉内坐扣，外省则于通省养廉内扣交十之二五。又漕督、河督、学政、仓场侍郎、将军、副都统、盛京五部、盐政、织造、坐粮厅、各省关差、税务、城守尉，皆分别银数交纳。乾隆帝八十寿辰的御道点景布置共耗银一百一十四万四千二百九十七两五钱。以当时的物价计算，白苎布一两银子一匹，可买一百多万匹；大缎十二两银子一匹，可买九万五千匹有余。

乾隆帝在筹备这次庆典时，曾告诫臣下："勿得过事华侈，期通上下之情，仍寓节俭之旨。""节俭"到如此程度，无怪乎民间赠他"散财童子"的绰号了。

香妃安居西洋楼

长春园西洋楼中心景区的主体建筑是远瀛观。此殿建筑在石砌高台上，全部为汉白玉雕刻筑成。五开间的主楼宽阔高耸，装修华贵典雅。这里曾经是乾隆帝的宠妃容妃（即香妃）的寝宫。远瀛观前的大水法，是一组设计精巧新颖、水柱交织喷洒、绮丽壮观的喷泉。泉边鲜花吐艳，型树如塑，把圆明园内的这方宝地映衬得如同仙境。西洋楼景区的西部有一座方外观。这座上下各三间的精致优雅的小楼，是御园内罕见的阿拉伯式建筑，是座宫内清真寺。乾隆帝把回文《古兰经》刻石镶嵌在两侧殿壁上，还把直径四尺的两块白色大理石雕刻成伊斯兰教的阿拉伯文碑，安放在方外观，碑文是"奥斯芒爱上帝，上帝爱奥斯芒""阿利爱上帝，上帝爱阿利"。身着维吾尔族服饰的香妃，按照伊斯兰教的习惯做法，每逢星期五都要走出远瀛观，由四名从宫中挑选的聪明又熟悉穆斯林习俗的人陪同，穿过海晏堂到方外观做礼拜。乾隆帝为解除香妃对遥远故乡的思念，想了很多办法。在方外观前方偏西的谐奇趣主楼前两座五彩八角琉璃楼亭中，经常请乐队演奏蒙族、维吾尔族和西域少数民族乐曲，他亲自陪同香妃聆听欣赏。在远瀛观东边方河的对岸，修建了线法墙，南北分别砌成五列平行砖墙，上面绘有风景图案，可以悬挂油画布景。乾隆帝让宫廷画家郎世宁、艾启蒙、何国宗、沈源和孙祜等人，绘制了香妃故乡新疆阿克苏十景，悬挂在线法墙上。乾隆帝陪香妃坐在线法山顶的石亭，透过螺丝牌楼和一百五十米长的方河河面，东望线法画中的乡土景色，产生一种立体感和纵深感，浮现一番家乡故土的幻觉，借以安慰和缓解香妃的乡思。乾隆帝专门聘请了回族厨师为香妃做家乡饭，还经常赏赐可口的维吾尔族饭菜食品。乾隆帝除专做天鹅绒和染貂朝冠、金龙绣九龙袍、吉服袍褂等制式服装外，还专选项圈、耳坠、数珠以及维吾尔族服装赏赐于她，非常尊重她的民族习俗。乾隆帝甚至还学会了维吾尔语，用维吾尔语与香妃谈话交流，博取香妃的欢喜满意。

香妃就是容妃。《清史稿·后妃传》有简略记载："容妃，和卓氏，回部台吉和扎麦女，初入宫号贵人，累进为妃，薨。"她生于雍正十二年（1734年），乾隆二十五年（1760年）二十六岁时入宫，封为和贵人，后又封为容嫔、容妃。病逝于乾隆五十三年四月十九日（1788年5月24日），享年五十五岁，葬于清东陵纯惠皇贵妃园寝。

关于香妃，民间有很多传闻，大都与历史事实相悖。如说西苑南墙内的宝月楼（即今新华门）是专为香妃所建。实际此楼建于乾隆二十三年（1758年），当时香妃在南疆尚未入宫。还说皇宫武英殿之西的浴德堂是香妃沐浴之处，也是附会之词。更有甚者，说香妃乃维吾尔族首领小和卓霍集占之妃，清军平定回疆时被拘至京，因天姿国色被乾隆帝纳为妃子。香妃入宫后袖藏白刃，欲杀乾隆帝以报民族仇恨，不料被皇太后侦知，即将香妃赐死。

西洋楼全景复原图（张宝成绘）

史实是香妃与霍集占为远房堂兄妹,并非其妃子。香妃的五叔额色依和胞兄图尔都一家曾反对霍集占等人发起的叛乱,配合清军平叛取得成功,被乾隆帝降旨合族迁居北京,并封爵赐赏,乾隆帝还将宫中女子巴朗赐给图尔都为妻。香妃随同进京,被召入宫。乾隆帝以香妃俊美可人,并出于笼络少数民族上层代表人物的考虑,便封她为贵人以至嫔、妃。乾隆帝确实对香妃十分宠爱,曾多次带她出京,到避暑山庄、木兰围场以至谒陵盛京、东巡祭孔、南巡江浙,在途中给以特殊的照顾和关爱。香妃在宫中地位也逐渐提高,乾隆四十三年(1778年)随乾隆帝东巡盛京时,在随同伴驾前往的六位妃嫔中,容妃名列第二。乾隆四十六年(1781年)正月十五日,乾隆帝在圆明园奉三无私殿设宴,容妃居西边头桌首位。(参见《节次照常膳底档》)容妃病逝,乾隆帝十分悲痛,谕令隆重办理丧事:皇帝辍朝三日;皇子以上、宗室以下,三日内咸素服,不祭神;其他各类人等齐集举哀。

　　香妃葬于清东陵,这已为容妃墓内随葬品的考古研究所证实。

然而新疆喀什东郊却有一座建筑宏伟素雅的"香妃墓",而且瞻仰的人络绎不绝。那是维吾尔族乡亲的附会,说明香妃家乡人对这位远嫁万里之外、客死北京的维吾尔族女儿的崇敬与怀念。这也说明,乾隆帝与香妃的姻缘确是我国各民族交往历史中的一段佳话。

圆明五园

乾隆三十二年(1767年)七月,弘历开始将绮春园以东的熙春园并入御园,成为圆明园的一个组成部分。熙春园原是康熙皇三子诚亲王允祉的赐园,雍正年间转赐十六弟庄亲王允禄。弘历将原有建筑改建修葺后,逐一赐予新名并御题匾额联对,还在东部新建了观畴楼(村庄楼)建筑群。同时又在长春园和熙春园之间修建了一条"复道",即过街楼,可以乘肩舆从长春园的如园直接到达熙春园。

熙春园北部是二百多亩农田,全部殿堂建在园南部。南部分为东西两个部分。西部的建筑主要有建在南岛即前所的德生轩、藻德居和花韵轩,建在北岛即后所的松篔馆和对云楼。东部的建筑主要有建在中所的主善堂和镜烟斋,建在东所的观畴楼。熙春园位于圆明园东侧,又称为"东园"。

乾隆帝游幸熙春园是为了观稼问农,并写有多首题为《东园观麦》或"观稼""观禾黍"的诗。乾隆三十七年（1772年）是一个好年景，春雨优渥，夏霖丰沛，而且惠风和畅，有利于二麦生长。弘历在一段诗注中写道："麦喜凉而畏热。根间常有风梳之，则穗益长，而茎不郁结，可无鏖罨之患。自夏初至今，气候凉爽，于麦性最为有益。"他写了《东园观麦效陶潜体》一诗，表达他"重农兴稼"的治国指导思想："敕几有余暇，驾言往东园。东园岂独往，藉因二麦观。冬雪虽非优，春雨实渥焉。夏孟前逮仲，快霖时复霎。所以来牟景，大异常年看。吐穗硕且长，如油绿颖攒。蓄目宁不欣，未敢心即宽。必待饼饵成，庶济吾民餐。"

乾隆四十五年（1780年），弘历开始筹划将淑春园北部改建为春熙院的工程。淑春园与绮春园只有一路之隔，位于万泉河南岸，原是大学士傅恒的宅园，后被内务府收回。乾隆四十五年，将淑春园南部赐予和珅，更名"十笏园"；园北部在乾隆四十七年（1782年）正月赐名"春熙院"，成为圆明园一个独立的组成部分。此时，圆明园、长春园、绮春园、熙春园、春熙院这五座皇家园林统称圆明园，这就是历史上的"圆明五园"。

春熙院的殿堂主要分布在两座湖塘之间和园东部，有春润堂、真赏室、静娟斋、融绿堂等，各殿堂悬有弘历在四十七年二三月间题写的字对和横批。弘历在每年上元节前大多会来春熙院游赏，来必有诗，而每诗不离"春"字。乾隆五十一年正月的《题春熙院》写道："万物到春来，而不具熙意。此园独擅名，享帚因名字。然吾此偶临，弗喜以愁对。向隅古有言,况向隅奚啻。湖北及安徽，淮扬遭旱匮。清口倒灌黄，以致淤去岁。虽极力赈蠲，讵普蒙实惠。

吾民岁尽熙，顾名廑弗置。"

嘉庆帝颙琰在位期间，对圆明园、长春园都有小规模的改建和修缮，他集中力量将乾隆帝已经圈定但还未着力建设的绮春园，进行了全面规划并建设完成。大宫门开在园东南隅，门内中轴线上修建了勤政殿、中和堂、敷春堂直到湖岸的问月楼。敷春堂是颙琰的寝宫。园北部是一大片水面，中间为土堤所隔。东边的湖心岛上建凤麟洲；西边小湖以南修建了展诗应律、庄严法界、生冬室、春泽斋、四宜书屋。园西南部是在原傅恒春和园基础上改建的。乾隆年间皇十一子成亲王永瑆驻进春和园，改称"西爽村"。永瑆在嘉庆四年（1799年）迁出后赐居十笏园。嘉庆六年（1801年）十一月，皇三女庄敬和硕公主下嫁蒙古郡王索特纳木多尔济，颙琰将西爽村赐予庄敬公主居住，并更名含晖园。庄敬公主于嘉庆十六年（1811年）去世，含晖园收回，改称"南园"。颙琰移建含晖楼，修缮清夏斋，在南边的两座湖心岛上修建了畅和堂、绿满轩，还在畅和堂与正觉寺之间修建了澄心堂。

嘉庆帝沿袭乃父的做法，常去熙春园观稼验农。他在园内广阔农田的西北部，新建了一座"省耕别墅"，其中两座殿堂，分别赐名含润斋和陇香馆。他多次表白，到熙春园不是游山玩水，贪图享乐，而是关心农业生产，说"熙春岂为观花柳，廑念民依国本源"，"别墅来游非问景，幸逢年稔庆悠同。"嘉庆八年（1803年）四月中旬，天气干旱。颙琰去黑龙潭龙王庙求雨，凑巧竟然天降甘霖。他心情愉快，便来到熙春园省耕别墅，但见田野滋润，禾稼茁壮，便吟成一首《新晴熙春园观稼》诗："甘雨优渥万汇熙，密云保定报同时。新爽驱炎润山色，畅晴豁雾濯林姿。遍观多稼欣芃茂，又盼齐东报透滋。"

圆明三园及御园被焚

道光年间，宣宗旻宁驻居御园，对圆明三园都有零星的修缮和改建。他在道光元年（1821年）将绮春园定为"太后园"。大宫门内修缮工程结束后，旻宁将勤政殿更名"迎晖殿"；敷春堂更名"永春堂"，作为皇太后的寝宫。其他如清夏斋、四宜书屋及东南隅四所等，都成为太妃、太嫔的寝宫和寝院。

大水法遗址

被烧毁的海晏堂

　　道光年间，旻宁将熙春园和春熙院从圆明园中划出，成为皇子赐园。熙春园被一分为二，西园赐予四弟端亲王绵忻，改称近春园、春泽园；东园赐予三弟惇郡王绵恺，仍称熙春园，后改称涵德园、清华园。春熙院先是乾隆帝第八子仪亲王永璇在此赐居，道光十二年（1832年）永璇去世后，此园改赐皇五弟惠亲王绵愉，赐园名为"鸣鹤园"。这样，熙春园和春熙院都成为皇子（王公）赐园，改变了原来"御园"的性质，"圆明五园"的历史便结束了。

　　咸丰十年（1860年），圆明三园被英法联军劫掠焚毁。

　　同治年间，慈禧太后曾想重修圆明园，终因经费无法筹集和群臣反对不得已半途停工。

　　中华人民共和国成立后，经多年艰苦努力，在圆明园基址上建成圆明园遗址公园，对广大公众开放，成为爱国主义教育示范基地。1988年1月，国务院公布圆明园遗址为全国重点文物保护单位。

万寿山清漪园记盛

万寿山清漪园是清代乾隆年间修建的一座著名皇家园林,是京西"三山五园"中最后完成的一座行宫式御苑。清漪园在咸丰年间被英法联军焚毁后,在光绪年间又在废墟上修建成一座新的御园——颐和园,成为留传至今的保存最完整的皇苑,也是现代北京最重要的旅游热点之一,世人对它的园貌极为熟悉。本文希图着力描绘乾隆年间清漪园的概貌,再现它建成时的风姿,这样或许可以使人更好地认识今天颐和园的历史渊源。

乾隆帝建成万寿山清漪园

清代以前的万寿山

瓮山和瓮山泊

清漪园修建在万寿山和昆明湖的秀丽山水基址上，万寿山原名叫瓮山，昆明湖原名瓮山泊。

瓮山为西山余脉，海拔五十九米，位于北京城西北二十里。因为"山麓魁大而凹秀，瓮之属也"，又在山麓掘出一个石瓮，瓮上雕刻着奇异的纹饰，瓮中存有数十件物什，杂物被人携走，将石瓮遗置于山阳，还留下了"石瓮徙，贫帝里"的谶言，人们便称此山为"瓮山"。瓮山原是一座秃山，土石裸露，很少生长草木，但是瓮山背后是逶迤的金山，与秀丽的西山遥相连属，山南又是玉泉水汇成的瓮山泊，形成了距京城最近的优美山水环境，逐渐被开发成有名的风景区。

瓮山泊是由地下涌泉和玉泉水汇流而成的湖泊，位置在瓮山的西南方。远在元代，这里的风景即引起人们的注意，曾到此观景的朝鲜人在《朴通事谚解》中有生动的描绘："……水面上自在快活的是对对鸳鸯，湖心中浮上浮下的是双双鸭子，河边窥鱼的是无数目的水老鸦，撒网垂钓的是大小渔艇，弄水穿波的是觅死的鱼虾，无边无涯的是浮萍蒲棒，喷鼻眼花的是红白荷花。"到明代，这里形成了颇有名气的京西旅游盛景。《宛署杂记》记载："在宛平县西二十里玉泉山下，泉水潴而为湖十余里，荷蒲茭芡，与夫沙禽水鸟出没隐映于天光云影中，实佳景也。"钟爱此处美景的文人，还命名了十处著名景点，即泉液流珠、湖水铺玉、平沙落雁、浅涧立鸥、瑕白摇风、莲红坠雨、秋波澄碧、月浪流光、洞积春云、碧翻晓照，以至观赏西湖佳景成为京城的一项人人向往的风俗。明代诗人游赏西湖的诗作很多，如王直的《西湖》诗：

玉泉东汇浸平沙，八月芙蓉尚有花。

曲岛下通鲛女室，晴波深映梵王家。

常时凫鸟闻清唱，旧日鱼龙识翠华。

堤下连云粳稻熟，江南风物未宜夸。

瓮山泊在不同的历史时期有过各种名称，如西湖、西海、金海、金水池、大泊湖、七里泺等，也叫过揑钵湖、裂帛湖。人们都知道，玉泉山东南麓有一座"方广数丈"的由裂帛泉流成的裂帛湖，却不知道瓮山泊也曾称为"裂帛湖"，很有必要在此做一说明。

乾隆年间吏部尚书汪由敦之子汪启淑，在任职工部都水司郎中期间，曾撰写成一部关于北京社会历史的书《水曹清暇录》（乾隆五十七年飞鸿堂刻本）。此书第183条《昆明湖的旧称》写道："西湖、揑钵湖、裂帛湖，即今之昆明湖也。"在《裂帛湖水势汗漫》一条又写道："裂帛湖储蓄玉泉山水，深而广，虽备战船操演之需设有七闸，然其势甚汗漫，殊可虑。"汪氏任职的都水司，在清廷中央机关专司职掌海塘、河渠、桥梁、船政等事业。这位郎中从治水专业的角度考虑，裂帛湖水域宽阔，漫无涯际，皇帝要在湖上检阅水师操演，虽然设置了七处水闸以利蓄泄，但仍有出现水患的危险。这座裂帛湖指的就是昆明湖（瓮山泊），而不是玉泉山麓那座小小的裂帛湖。

弘历的堂弟、经常游赏昆明湖的怡亲王弘晓，在他的七律《昆明湖上》的诗注中也曾写过"昆明湖即昔之裂帛湖"。

瓮山泊曾名裂帛湖，从康熙年间大量诗文中也可得到证明。户部尚书王鸿绪在《赐游畅春园恭纪》诗中写道："西岭千重水，流成裂帛湖。分支归御苑，随景结蓬壶。"即西山诸多泉水汇流成裂帛湖，湖水东流进入畅春园，形成了蓬壶仙景般的御园风光。大学士明珠之子揆叙，常年居住在畅春园和瓮山泊之间的自怡园里。他在自怡园赏荷诗中，写有"裂帛湖东尽日流，香风吹过鹭

裂帛湖

鸳洲"之句,也是将瓮山泊称为裂帛湖。总之,了解瓮山泊这个别称非常必要,否则就会读不懂很多写瓮山泊的诗文。

瓮山的寺庙和古迹

瓮山下的西湖风景,吸引了无数游人前来观赏。从元代起,这里陆续修建了不少佛寺,当时曾有"瓮山十寺"的说法。其中最著名的要数大承天护圣寺(后改名功德寺)和圆静寺了。

大承天护圣寺建于元文宗天历二年(1329年)。《帝京景物略》记载:"际湖山而刹者,功德寺。"即大承天护圣寺建于瓮山泊西北岸边。当时瓮山泊的水域在瓮山的西南,水面向西延伸。寺庙规划宏伟,建筑华丽,遵旨在湖中建两座琉璃高阁,重檐叠角,虚堂曲房,远望高楼青霄,近看远侵碧汉。高阁有石桥与北岸连接,十分壮观。明朝几代皇帝都曾乘船临幸,并驻跸此寺。明世宗去寺北的景泰陵,驻跸功德寺时见金刚塑像狰狞可怖,便怒而降旨撤去,此后遂成废寺。人们用"瓦垅燕麦,屋脊鹊巢"来形容它的荒废,寺僧也不做佛事,而以种田为生了。康熙年间,曹雪芹的祖父曹寅寓居功德寺,他曾吟出一首《再游功德寺》诗,记载功德寺的荒凉和他的感受:

仍是耽吟善病身,重来浮地觅残春。

萧森一雨全飞燕,岑寂双扉不见人。

顿抚垂杨生浩叹,转怜流水入嚣尘。

招提昔日犹今日,珍重西崚旧比邻。

圆静寺建于明弘治七年(1494年),为助圣夫人罗氏所建,位于瓮山南坡中部山麓,寺门正对着瓮山泊的东堤。寺庙旁边还有一座仁慈庵。《日下旧闻考》引《山行杂记》对圆静寺有较详细的记载："瓮山前有仁慈庵，入门三百步，两旁椿树夹之。登石磴二十级，有堂三楹，两庑翼之。两庑前为楼庵，左为圆静寺。寺门度石桥，大道通湖堤，门内半里许，从左小径登台，精蓝十余。室之西殿三楹，左右精舍一间，据山面湖。"明代文学家王稚登，曾在嘉靖末年的一个秋天游览瓮山西湖，写了一首《圆静寺》诗："香阁林端出，登临夕霭间。霜寒半陂水，木落一禅关。施食湖中鸟，窥窗塞上山。能容下尘榻，信宿竟忘还。"

　　乾隆初年，圆静寺的住持僧为无方上人。他的好友郑板桥，两次入京都曾前来拜访。无方上人（1684—1759）是江西人，俗姓卢名明贤，字无方，号剩山。雍正年间在江西庐山为僧，属临济宗磬山派，不仅善诗词，还长于治印，中年北上来到京西瓮山圆静寺。郑板桥与无方上人雍正二年（1724年）相识于庐山，几年后第一次入京时访无方于圆静寺，写了《访无方上人二首》，对无方上人身穿补丁的破衣，日日引泉浇菜的清贫生活非常同情。郑板桥第二次入京时又来拜访无方上人，这时的西郊天高云淡，雁影飞掠过松树梢头，已是清秋季节。他来到瓮山空寂幽静的圆静寺，铺满黄叶的山路旁蟋蟀不停地鸣叫，夕阳映照的小楼边有一架像要倾倒的瓜棚。无方上人热情地端来清酒待客，还煮水烹茶殷勤地慰留。郑板桥触景生情，不由得发出感叹：寄语京城大道上来往的人们，与好友像濠上观鱼那样知心会意，才是最令人向往的逍遥自在的生活。郑板桥将他在圆静寺的所历所感写成一首《瓮山示无方上人》诗：

松梢雁影度清秋，云淡山空古寺幽。

蟋蟀乱鸣黄叶径，瓜棚半倒夕阳楼。

客来招饮欣同出，僧去烹茶又小留。

寄语长安车马道，观鱼濠上是天游。

后来，郑板桥到山东潍坊去做县令，无方上人也离开圆静寺南下到孝尔营山寺去了。

瓮山除有古寺外，还有一座耶律楚材墓。耶律楚材（1190—1244），字晋卿，号玉泉老人，佛号湛然居士。他是元代著名的政治家，是精通儒学和佛经的学者，还是诗文大家。他在太宗窝阔台继承汗位后，拜中书令。为官三十余年，为确立蒙古统治中原出谋划策，功勋卓著。他祖籍虽是义州弘政（今辽宁义县），却是生于北京，视玉泉山下为其故乡。所以他去世后，乃马真皇后遵照他的遗愿，将遗体运回北京安葬在瓮山之麓。但耶律楚材的墓地在明代初年即毁坏殆尽。沈德符在《万历野获编》中记载，他的一位友人在西山修造别墅，发现一座墓冢，棺中有一个巨大的颅骨。后来又在旁边掘出石碣，证实那是耶律楚材墓。明末清初，礼部尚书、诗文家王崇简，曾目睹了楚材墓残破的情景，写道："瓮山山下东南数十武有元耶律丞相墓，明崇祯九年春过之，祠宇倾颓，尚存公及夫人二石像端坐荒漠，少前二翁仲一首毁。相传居人夜见有光，疑其怪而凿也。后一高阜则公墓云。康熙戊申二月二十七日，策马重经，断垄渐平，耕者及其址，石像仅存下体，余皆荡然。三十余年来，问之土人，鲜知为公墓者。墓西去半里，圆静寺僧犹能言其处。嗟夫！石像何患于人？去之者以其妨耕也。

念此十笏残基,再数年皆麦苗黍穗矣。"王崇简"俯仰久之,有作",便是《题耶律楚材墓》一诗:

> 丞相遗坟知已稀,荒冈不似旧崔巍。
> 空余祠址藏狐窟,无复苔纹绣石衣。
> 耕叟驱牛依冢卧,东风流水落花飞。
> 俯思一代名臣盛,徒有青山挂夕晖。

乾隆帝修建清漪园

建园缘起

圆明园西侧的"西湖景",是京城西郊著名的风景区。这里的瓮山泊被称为"西湖",常令弘历与江南杭州的西湖产生联想,他早有建一座皇家园林的意愿。这在多首写万寿山和昆明湖的御制诗中可找到明确的验证。弘历在《万寿山即事》中说:"面水背山地,明湖仿浙西";在《昆明湖泛舟》中说:"却是卑宫惭北阙,那更十景拟西湖。"但是他觉得昆明湖虽像杭州西湖,却没有西湖畔的南高峰和北高峰,他在《昆明湖上》诗中写道:"西山屏展玉芙蓉,倒影波心翠越浓。的是圣湖真面目,欠惟南北两高峰。"还说"分明胜概西湖上,只少北高峰影莱"(《仲春万寿山即景》)。但是他又把玉泉山比作北高峰,在《昆明湖泛舟即景杂咏》中说:"玉泉塔影当空落,疑是北高临圣湖。"从这些诗句中可知,弘历是想仿杭州西湖的蓝本,将北京的西湖建成一座行宫园林。

但是,弘历在乾隆九年(1744年)写的《圆明园后记》中,曾明确地写过："后世子孙必不舍此而重费民力以创建园囿；斯则深契朕法皇考勤俭之心以为心矣。"即在建成宏丽的圆明园之后，不要再侈费国家财力去另建新园了。为了修建万寿山行宫，他找到了两个借口：一是为其生母钮祜禄氏皇太后庆祝六十大寿，在万寿山麓修建一座大报恩延寿寺；二是兴建西郊河湖水系的水利工程，其中就包括深挖扩展瓮山泊，使之成为一座能蓄能排的水库。就这样，修建清漪园的工程就在乾隆十四年（1749年）冬正式启动了。

制定规划

乾隆帝非常重视清漪园的整体规划和园林布局。此前他虽然大力营建圆明园和静宜园，但那都是在其父祖修建的御园和行宫的基础上进行补建和扩建；而清漪园则是在自然山水的基础上规划设计和建设的，完全可以自主地擘划和建设，体现自己独特的造园指导思想和审美观念。

清漪园选址在风景旖旎的瓮山和瓮山泊，具有得天独厚的真山真水的自然环境优势。当地很少有大型建筑，可以在一张白纸上抒写最美丽的文字。规划方案首先在叠山理水上精心构思，在深挖扩展瓮山泊之后，用西堤等堤坝将湖面划分三片水域，广阔浩淼，主次分明；又分别堆筑成三座岛屿及岛上建筑，体现中国传统皇家园林"一池三山"瀛洲仙境的模式。同时，将挖湖的泥土堆积在瓮山东麓，对山体进行修整美化，使之雄伟而又匀称，并与湖面相匹配。清漪园的园林布局体现皇帝行宫的特点，从整体着眼，有主体有陪衬，有对比有细节，将大宫门一带修建成宫

乾隆时期的清漪园

廷区，而万寿山上下和昆明湖水域建成风景游览区，并妥善处理了园内与园外环境的配合与协调。

　　清漪园的规划思想，充分体现了乾隆帝的治国方略和基本国策。乾隆出于巩固其政治统治的需要，极力怀柔少数民族上层人物，以达到国家的统一，便对藏传佛教采取尊重和扶植的态度，"兴黄教即所以安众蒙古"。这在修建清漪园的规划中也得到充分反映。前山正中是从大报恩延寿寺到山顶的佛香阁、智慧海；后山中心更是以西藏喇嘛寺院摩耶寺作为规划设计的蓝本，修建四大部洲和云会寺、善现寺等。乾隆帝以农为本，以农立国，为体现这一基本国策，在园中修建了多处建筑和景点，如耕织图、畅观堂等。而大报恩延寿寺的修建，还是标榜弘历本人是践行孝道的模范，宣扬以孝治天下的宏愿。弘历在这些景区中进行多次政治性的和宗教文化活动，就是实践和宣扬这些基本国策。

中国传统文化要在建园中充分体现,这也是规划思想的重要一环。首先是全面继承和发扬中国古代造园思想和造园艺术传统,既体现皇家园林的气势宏伟、高大华贵和金碧辉煌,又具有江南私家园林的结构精致、清幽玲珑和舒适宜居,并将二者高度巧妙的结合,使清漪园"虽由人作,宛自天开"成为中国古代造园艺术最高水平的代表作之一。其次是设计建造众多景点,涵孕了中国的传统文化和美学观念。如"一池三山"中的南湖岛是蓬莱仙境的象征;昆明湖东岸的铜牛和西岸的耕织图是银河两岸的牛郎和织女;园东的文昌阁和园西的宿云檐寓意文武辅政;等等。这一规划思想,突出地体现了清漪园深刻的文化历史内涵,造就了它在中国文化史的重要地位。

为了把清漪园建成高水平的皇家园囿,体现"普天之下莫非王土"的至高无上的地位,弘历将江南园林中的心爱景观,巧妙地仿造移置到园内来。他每次南巡,都命随行画师描绘途中美景,携回京城仿建。正如清代诗人所说:"莫道江南风景佳,移天缩地在君怀"。杭州西湖美景是模拟最多的,湖山堤桥亭榭楼阁,在清漪园都有巧妙的仿建。其他如凤凰墩仿无锡黄埠墩,望蟾阁仿武昌黄鹤楼,邵窝仿河南安乐窝,惠山园则是整体模仿无锡惠山脚下的寄园;等等。这种根据万寿山下特定的山水环境及建筑条件,创造性地复制天下美景的造园手法,使得中国造园艺术的精华景观及闪光点,都能在清漪园得到映现,从而更深刻地造就了清漪园的崇高地位和皇家风范。

乾隆时期的南湖岛

建筑施工

从乾隆十四年（1749年）冬疏浚扩展瓮山泊计算，实际上清漪园的修建工程就开始了。十五年（1750年）大报恩延寿寺的兴建，标志着园内建筑工程进入了紧张繁忙的阶段。

修建御苑内的各类建筑物，首先由主管机构内务府样式房根据皇帝旨意绘制建筑图纸（画样）和建筑模型（烫样），并由工部算房估价，在呈报皇帝诏准后，才能组织施工。全部工程的管理和监督，由"万寿山工程处"负责。主管清漪园工程的官员，先后有内务府大臣海望、三和、德保、苏赫纳、和尔经额、鄂实、傅恒、倭赫、傅岩等。海望主要负责工程开支和材料供应，三和主要负责施工。参加施工的工匠，也都是从各地招募的技术精湛且有丰富经验的人。

修建清漪园的工程费用，主要是清廷支付，由万寿山工程处向内务府广储司领取。但也有另外的经费来源，包括一些大臣的进献和罚金等。如内务府档案记载：乾隆十五（1750年）、十六年（1751年），原大学士张廷玉罚赎银二十万两，分两次交万寿山。乾隆十六年，原任光禄卿刘藩长存内库银十万两，奉旨交万寿山。乾隆十九年（1754年），江南副将朱一智动用河库正项银四千两，购买木料送万寿山工程处。乾隆二十三年（1758年），两淮盐政高恒奉旨将节省银七万余两交万寿山工程处。到清漪园工程结束，全部工料用银共四百四十八万两千八百五十一两，这还不包括整地、绿化、造船以及殿堂陈设等项的用银。

清漪园的建筑工程是按完整的总体规划连续施工、一气呵成的巨大工程。到乾隆十九年（1754年），大部分主要建筑就基本竣工了，包括万寿山前山、昆明湖和东宫门一带的工程，共有一百零一处建筑；还在北部修建了一道虎皮石围墙，东起文昌阁城关，绕过万寿山北麓到达西麓的贝阙城关。而园东、南、西部没设围墙，以昆明湖岸为界，使园内外景致连成一片，收到远近景观浑然一体的视觉效果。乾隆二十年（1755年）以后，又建设了二十四处景点，主要是分布在万寿山后山的须弥灵境、苏州街等。清漪园的建筑工程用了十五年时间，到乾隆二十九年（1764年）全部完工。清漪园的名称是乾隆十五年（1750年）御赐，那年七月颁下御旨："以万寿山行宫为清漪园。"

清漪园占地二百九十五公顷，万寿山和昆明湖构成了园林的主体框架，水面约占四分之三，这是一座真山真水的皇家园林。

御苑功能

清漪园是京西"三山五园"中最后建成的一座御苑，它在海淀皇家园林集群中具有很明显、很重要的作用。从地域上看，它使遍布几十里方圆的众多皇家园林连成一片，成为一个有机联系的完整体系。不仅将静明园、圆明园、畅春园紧密连接，而且又与附近的宗室大臣赐园如自得园、承泽园、自怡园、和王园、澄怀园、宏雅园、淑春园、熙春园等结为一体。静宜园与静明园有泉水沟通，其他几座皇苑之间都有舟楫可以顺河交通。清漪园的建成，使京西名园形成以"三山五园"为中心的众星拱月式的硕大无朋的园林集群。这不仅在中国，即使在全世界也是首屈一指的。

从景观上看，清漪园的引领联络作用更为明显。正如《颐和园志》所说，清漪园的规划设计将西郊御苑作为景致的外延统筹考虑在内，园内建筑与园外毗邻的御苑景观互为因借，相互协调，彼此构景。昆明湖开拓后，知春亭岛和玉泉山主峰、香山宫廷区，形成一条东西向的中轴线，此线往东延伸汇于圆明园与畅春园之间南北轴线的中心点。它控制着"三山五园"，成为园林整体集群的一条主脉。从玉泉山往东俯瞰，清漪、圆明、畅春三园鼎足而呈稳定均衡的构图，玉泉山、万寿山分别成为平地起造的圆明园和畅春园借景的主题。从居高临下的香山鬼见愁往东眺望，山峰上矗立的宝塔杰阁，山腰和平地洒落的楼台亭榭，波光粼粼的处处湖水，高低错落，层次分明，色彩鲜丽，辽阔壮观，这是一幅何等辉煌瑰丽的山水画卷，真个是百里阆苑银河水，金碧楼台水墨山！

　　从皇家园林的功能看，清漪园的建成使西郊御苑的理政和休闲、游览的社会实用价值更加完善。畅春园作为弘历供奉生母孝圣皇太后居住之所，也是他前来问安时的进膳和理事之地。圆明园则起着皇宫大内的作用，皇帝常年居住于此，并且日日上朝问政。三山御苑是三座行宫，但静明园和清漪园临近御园，皇帝只在那里赏景、进膳和理事，从不留宿过夜，即是半日游和一日游的花园行宫；静宜园距离稍远，一游便是三五日，不仅经常留宿在香山寝宫学古堂，那里还有上朝理事的勤政殿和致远斋。"三山五园"之外，还有圣化寺、泉宗庙、钓鱼台行宫、乐善园、倚虹堂等行宫和万寿寺、真觉寺、碧云寺、卧佛寺、大觉寺等行宫院，都是皇帝在西郊的游赏佳地。正因如此，乾隆帝才常年居住在京西御园，使这里成为一个重要的全国政治活动中心。弘历非常喜爱亲自设计建造的万寿山清漪园，在诗中写道："何处燕山最畅情？无双风月属昆明"（《昆明湖泛舟》，乾隆十六年作）；"一字由来不曾著，风流尽得是昆明"（《昆明湖泛舟》，乾隆二十年作）。

景观概貌

　　清漪园的大宫门设在东部，位于万寿山东南麓、昆明湖的东北方，东距圆明园的大宫门仅几百丈远，与果亲王自得园的西南角近在咫尺。大宫门又称东宫门，坐西朝东，面阔五楹，歇山式琉璃瓦顶，厚重庄严，一派皇家风采。

清漪园园域广阔，分成宫廷生活区和风景游览区，游览区包括万寿山景区和昆明湖景区。

宫廷生活区

清漪园的宫廷生活区修建在大宫门内、昆明湖东北岸边的平坦地带，襟山带湖，交通便利，便于观赏全园的山水风光。宫廷区包括以勤政殿为中心的朝政建筑，以及怡春堂、玉澜堂、乐寿堂等宫廷生活建筑。

勤政殿位于大宫门内正西，是高大雄伟的七楹殿堂。内额为"海涵春育"，楹联是："念切者丰年为瑞，贤臣为宝；心游乎道德之渊，仁义之林。"另有一联是："义制事，礼制心，检身若不及；德懋官，功懋赏，立政惟其人。"中刊御制座右铭，皆皇上御书。

勤政殿是召见群臣、上朝理政的地方。弘历为其取名"勤政"，是表示他继承父祖遗志，宵衣旰食，勤奋靡倦的安邦强国的态度和决心。他在圆明园的勤政亲贤殿批阅奏折，处理政务，在香山修建了勤政殿，玉泉山有廓然大公殿，都是同一功用。但很难见到弘历在清漪园的勤政殿上朝问政，他常去理事的地方是玉澜堂和鉴远堂。

玉澜堂位于勤政殿土山以西，濒临昆明湖。在大湖的东北角岸边，是一座坐北朝南的四合院落。堂名取自晋代陆机的诗句"玉泉涌微澜"。堂前的湖水清漪如碧玉,水的源头又是来自玉泉山的天下第一泉,堂名取得非常贴切。

走进向南开的殿式门玉澜门,便是宽阔的庭院。面阔三间的正殿带东西耳房各二间,建筑面积179.1平方米,高3.81米,前后有廊。东配殿霞芬室和西配殿藕香榭都是面阔五间的穿堂殿,建筑面积相同,都是164.4平方米。院内四周建有抄手游廊共十八间,将各座建筑连通起来。

玉澜堂由于离园门较近,环境清幽,弘历每次从圆明园来到清漪园,总是先到玉澜堂用膳后,处理日常政务,然后游园。他在《题玉澜堂》诗中写道:"坐此先咨政,敕几敢懈吾。"诗中有注:"向每至清漪园,必先坐此堂传餐咨政。"他还写过:"凡偶游幸,传膳处所即办事览章奏,宣对大臣,引见官吏如常。弗令稽延守候,此向例也。"身临玉澜堂,坐观浩渺的昆明湖水,能使人心胸开阔,忘掉烦忧。

弘历的《玉澜堂》诗写道:

香蔚兰堤露气浮,溪堂至止小停留。

几批云简昔犹昔,窗俯玉澜流不流。

有子已看贺巢燕,无心何必狎盟鸥。

直须一泄昆明水,洗尽胸中万斛愁。

玉澜堂后院的西侧有一座夕佳楼,庭院西部用太湖石叠砌起两座高高的假山,峰峦迭起,洞壑相通,是仿江南狮子林建成的。在假山和昆明湖之间,在青石台基上建造起一座硬山顶两层小楼。建筑面积395.6平方米。楼名夕佳,是取自陶渊明《饮酒》诗中"山气日夕佳"的名句。建此楼的目的，就是为了登高眺远，从楼上穿过宽阔的湖面，欣赏西山晚霞和斜阳夕照的瑰丽景观。

但是，弘历游览清漪园从来都是"逮午而返"，根本就没有机会在夕佳楼观赏晚霞。他一写到夕佳楼便会抒发心中的遗憾。如《夕佳楼口号》写道："西山当户画屏排，想像斜阳悦可怀。都大回舆不过午，几曾夕景玩真佳？"他是"想像斜阳"，所以"顾名每自笑"，"责实循名每恧怀"。他在一则诗注里，将这种遗憾表达得淋漓尽致："楼对西山，因节陶渊明'山气日夕佳'语名之。然当夏间日长，率以卯来辰末即返，几曾傍夕登此？宛似尹继善'驰驿游山'之意。既寓意而不留意，无敢逸豫素志本如是也。"

玉澜堂北边是宜芸馆。芸指香芸，是一种有香味的草，古人藏书多用香芸制成书签夹在书籍中以驱逐蠹虫，所以称书籍为"芸编"。宜芸馆意为适宜于藏书和读书的地方。乾隆帝称此馆为"书斋""读书馆"。他曾在《宜芸馆口号》中说："席无暇暖编无展，馆不孤斯我负斯"，感叹自己匆匆来到书斋，连书籍都没来得及打开，哪里有时间仔细认真阅读呢！

宜芸馆有一座不小的院落，正殿由前五间后三间组成，建筑面积二百多平方米。东配殿道存斋和西配殿近西轩，都是面阔五间，面积各一百五十多平方米。庭院四周建有游廊，道存斋的命名是由"目击而道存"的典故而得。在古代春秋时的楚国，有一位名叫温伯雪子的贤人，来到鲁国，人们争相拜访他。孔子也慕名而去会见他，但孔子见到他以后却一言不发。弟子询问孔子是什么缘故，孔子说："若夫人者，目击而道存矣，亦不可以容声矣。"

意思是说，看见他，我就知道他是有道理的，不必再说话了。弘历把存"道"与欣赏山水联系起来，说"若山若水若温伯，岂必容声更消之。"

勤政殿的北边，有一座怡春堂，即弘历说的"勤政殿左侧"。这是一座单独的院落，建有正殿和后罩殿。因为殿址距大宫门很近，便成为弘历奉母休憩的地方。他在《题怡春堂》诗注中说："清漪园内昔日恭奉圣母凭御处也。"皇太后去世后，弘历便很少再到怡春堂了。在丧母五年后的乾隆四十六年（1781年）重来时，想起昔日场景充满悲凄和忧伤，写了一首《题怡春堂》："每过上元小试游，新正旧历又从头。五年转瞬何其速，七字写心那解愁。堂额怡春春未鬯，座仍抚昔昔如流。自今永罢承欢句，不拟文筵此久留。"诗注说："向年新正，每灯节后，恭奉慈宁承欢于此。自丙申至今，倏已五年。抚今追昔，不胜凄感。"

怡春堂在道光年间失火焚毁。道光二十四年（1844年）正月初八，苑丞嵩源等入内查取陈设，遗落火种，夜间火起成灾，殿堂被烧毁。嵩源杖打一百，流放三千里，发往乌鲁木齐效力。光绪年间修建颐和园时，在此处建成了德和园大戏楼建筑群。

在怡春堂和宜芸馆之西，修建了乐寿堂。此堂背倚万寿山，前临昆明湖，而山水皆有寓意，即如弘历所说："是处足山水，题名寓知仁"，"知乐仁者寿，佳名会一堂"，"面水复背山，因名堂乐寿"。取名"乐寿"，当然含有祝圣母万寿之意。弘历说："乐寿堂题名已久，义实取祝厘。"乐寿堂的建筑为二层楼，面阔七间，明间朝南突出五间，北边突出三间抱厦；内部两旁做成仙楼；楼下是书斋,楼上供佛像。楼前东穿堂为"绿天深处",西穿堂为"绿澹清漪",南穿堂即宫门为"水木自亲"。

乐寿堂庭院正中南侧石座上,陈列着一块秀丽剔透、色青质润的巨石"青芝岫"。它原产地为房山大石窝。明代太仆寺卿米万钟,本想将它运回海淀勺园,但运到良乡即财力枯竭,此石遂被称为"败家石"。弘历路遇此石,非常喜爱,便将它运到乐寿堂,赐名青芝岫,并写成一首长诗,镌刻在石上。诗如下:

我闻莫厘缥缈,

乃在洞庭中,

湖山秀气之所钟,

爱生奇石窈玲珑。

石宜实也而函虚,

此理诚难穷。

谁云南北物性殊燥湿,

此亦有之殆或过之无不及。

君不见房山巨石磊岌岌,

万钟勺园初筑茸。

旁搜皱瘦森笏立,

缒幽得此苦艰涩。

致之中止卧道旁,

覆以葭屋缭以墙。

年深屋颓墙亦废,

至今穷中生树拱把强。

天地无弃物，
而况山骨良。
居然屏我乐寿堂。
青芝之岫含云苍，
崔嵬刻削衰直方。
应在因提疏仡以前辟元黄，
无斧凿痕剖吴刚。
雨留飞瀑月留光，
赐名题什翰墨香。
老米皇山之石穴九九，
未闻一一穴中金幢玉节纷萦纠。
友石不能致而此致之，
力有不同事有偶。
智者乐兮仁者寿，
皇山洞庭夫何有？

慈禧居住的乐寿堂前的码头

万寿山景区

万寿山前山景区。万寿山前山，自下而上是一系列的层层升高的宗教建筑。乾隆帝为庆贺生母钮祜禄氏六十寿辰而建成大报恩延寿寺，是在明代圆静寺的基础上修建的。弘历在《万寿山大报恩延寿寺碑记》中写道："粤乾隆辛未之岁，恭遇圣寿六秩诞辰，朕恭率天下臣民，举行大庆礼，奉百年觞，敬效天保南山之义。以瓮山居昆明湖之阳，加号曰万寿，创建梵宫，命之曰大报恩延寿寺。"

此寺是效法明成祖在江宁为母祝寿而建的报恩寺修建成的。寺内建筑物随山势逐层升高，由山根建到山顶。进天王殿后便是正殿大雄宝殿，东侧为慈福楼，西侧为五百罗汉堂，后为多宝殿。往后在二十米高的石造台基上，耸立着四十一米高的八面三层四重檐的佛香阁。佛阁东有藏经楼"转轮藏"和万寿山昆明湖御制碑，西有五方阁、铜亭宝云阁。山顶上修建了众香界琉璃牌楼和无梁殿智慧海。

弘历写有一首《新春游万寿山报恩延寿寺诸景即事杂咏》诗，其二为："宝塔初修未克终，佛楼改建落成工。诗题志过人皆见，慈寿原同山样崇。"此诗有诗注写道："先是欲仿浙江六合塔式建塔，为圣母皇太后祝厘。工作不臻而颓。因考《春明梦余录》历载'京城西北隅不宜高建窣堵'，乃罢更筑之意，就基改建佛楼。且作志纪实，题曰《志过》云。"

这首诗明确地写到初建宝塔而后建佛楼的史实。弘历在修建

乾隆时期的大报恩延寿寺

大报恩延寿寺时，计划在寺后山上修建一座九层的延寿塔，这在《御制万寿山大报恩延寿寺碑记》中有明确记载：此寺"殿宇千楹，浮图九级，堂庑翼如，金碧辉映，然香灯，函贝叶，以为礼忏祝釐地"。弘历是仿照朱棣为母建大报恩寺塔的做法，要仿杭州的六和塔修建延寿塔。此塔又处于万寿山前山的中心部位，也是清漪园的景观中心，弘历给予了充分关注。从乾隆十五年（1750年）开始了建塔工程，到二十年（1755年）四月二十七日，弘历在诗注中写道："山前建延寿塔，今至第五层，已高出山顶矣。"两年以后的乾隆二十二年（1757年）五月二十二日，弘历又在《万寿山即景》的诗注中写道："时构塔已至第八层，尚未毕工。"即只差一层就建到塔顶了。但延寿塔终于没有建成，而是被拆毁了，重新设计改建一座八方阁，即是佛香阁。

有专家认为，弘历由于迷信思想，主动拆毁了已建到八层的延寿塔。我认为，这种说法不符合历史事实，那是由于在施工中

从佛香阁俯瞰排云殿

八层塔发生自然倒塌，而不是主动拆毁。弘历在因塔倒而写的《志过》诗中写道："延寿仿六和，将成自颓堕"；在前引《即事杂咏》的诗注中，也明确指出是"初修未克终""不臻而颓"，是没"能够"按原设计修建成功，而宝塔颓倒，并非主观拆毁。后来又参照"京城西北隅不宜高建窣堵"之说，改建成佛楼。

经过反复施工，拆塔建阁，花费了巨额国帑。据清廷工程奏事档记载：原计划修建成延寿塔共需用银四十六万余两，施工中已用去二十二万余两；拆塔又需十五万余两，除未用的材料抵银九万余两外，还追加三十三万余两，即建成佛香阁共销银八十万两。

以上是万寿山前山中轴线上的景观。

万寿山前山东部景区。在山腰山麓的丛郁树林间，分布着养云轩、无尽意轩、含新亭、写秋轩、圆朗斋等建筑，或自成院落，或有游廊相连，古朴典雅，绿荫掩映，清幽可人。

养云轩位于乐寿堂西侧葫芦河北岸的山坡上。跨过小河上架起的白玉石桥，进入钟形院门，再迈步攀上虎皮石台基，便是一座宽阔的庭院。正殿养云轩，面阔三间，建筑面积148.7平方米。东配殿名"随香"，西配殿名"含绿"，建筑面积各为80平方米。正殿东西各有转角廊五间，与配殿相连。这里是乾隆帝的后妃休息的地方。

养云轩名称的由来，是因为皇帝盼望多降甘霖，以利于庄稼生长。弘历有"自我常望霖，养云因名轩"，"养得夏云能作雨，不嫌再霖略嫌迟"等诗句。他在大门上方镌刻石额为"川泳云飞"，两侧石刻楹联是："天外是银河烟波宛转；云中开翠幄香雨霏微。"

养云轩西北方山坡上有一处庭院，正房五间名无尽意轩。为什么取此轩名？弘历诗中写道："轩窗纳万景，故名无尽意"，"四序以时殊，万状更日引"，"岩轩每偶到，到每引新意"。登上此轩，可以观览山上山下的无数景观；随着季节的转换，景观又在不断变化。所以每次到此轩赏景，总能看到无穷无尽的风光，也带给人无尽的感触和联想。有时想到"一雨如此美"，"再需当益善"，盼望风调雨顺；有时又"望岁渴贤怀永图"，祈望永丰年景，延揽贤人，决心为安民和江山永固做出不懈的努力；有时则会引发无尽的忧愁，南涝北旱，以及征战的前线传来了进军受挫或战斗失利的消息。弘历在乾隆二十三年写有一首《无尽意轩》："背山面沼一舟通,朴斵奚夸藻缋工。气象林峦云出没,心胸鱼鸟水澄空。屋窗竹籁伏中绿,镜浦荷香雨后红。茂对南薰能不乐,先忧转觉虑无穷。"

清漪园有这座无尽意轩,承德避暑山庄有一座"有真意轩"。弘历说:"无尽有真同一意。盖无限乃有真,而有尽必致无真,一而二二而一也。"理政、临民以及学习都是如此,浅尝辄止就不会达到正确的认识,弄懂弄通;只有永远不停地探索学习,才能获得真理。无尽方才有真,有尽必然导致无真,这就是无尽意轩取名带给人们的启迪。

从无尽意轩顺山路再往西北行,在转轮藏东侧,是写秋轩一组建筑。写秋轩建在山间高台上,坐北朝南,面阔三间,前后有廊,建筑面积94.1平方米。轩左右两侧,从高向低修建了两道斜向的爬山花廊,西廊到达观生意轩,东廊连接寻云亭。轩前圈起一座小院,院外花木葱茏。每当天高气爽、金风玉露的秋天,站在平台观赏秋景最为适宜。庭楸撑盖,野芳绕砌,杂卉护坡,令人感到"写秋"之轩名实为最切宜的写实之作。无怪乎弘历吟出"仁者见仁智者智,写实自是此轩宜"的诗句来。

写秋轩连接的东跨院,有一座面阔三间、建筑面积91.3平方米的厅堂,名叫圆朗斋。斋南另建一座相同规制的瞰碧台,弘历《圆朗斋》诗写道:"昆明百顷碧澄鲜,镜影当前朗且圆。触目会心无尽藏,化机岂止在鱼鸢。"

万寿山前山西部,在山麓临湖,有一座翠竹掩映的听鹂馆,山腰有琉璃覆顶的澄辉阁,都占有突出的位置。在铜亭西南方的隐蔽处，则是别具风情的云松巢和邵窝。

听鹂馆坐北朝南，庭院北边正中是一座面阔五间的两层戏楼，建成于乾隆十九年（1754年）。弘历在《听鹂馆》诗中写道："山馆因何名听鹂？梨园兹向奉慈嬉。"这里是乾隆帝侍奉皇太后欣赏戏曲和音乐的地方，比喻演员嗓音和乐声如同黄鹂鸣叫一样悦耳动听。

在听鹂馆的正北上方，万寿山的西南坡转折处，有一座以楼为重点，衬以亭台和爬山游廊的山地小园林。由于各类建筑都覆以琉璃砖瓦，周围又植有苍松翠柏，在万寿山西坡显得突出而又耀眼。景区南端正中的一座两层亭式敞阁，名澄辉阁，建筑面积184.32平方米。敞阁东西两侧有爬山廊分别与爱山楼和借秋楼连接。弘历在乾隆二十九年（1764年）登上这座半山敞阁，写有《题澄辉阁》一诗："山阁临湖揽碧空，波光峰态两相融。欲知雨后清和趣，只在澄辉镜影中。"

澄辉阁北边山上，有一座面阔三间的殿堂"画中游"，前后有廊，建筑面积97.7平方米。画中游两侧各有十八间爬山廊，又分别与东边的爱山楼、西边的借秋楼连接在一起。在四面游廊围起的小园中，竖立一座3.19米高的石牌楼，南侧石柱上镌刻一副楹联："幽簌静中观水动；尘心息后觉凉来。"从画中游东北方的垂花门上行，建有一座清音山馆。

云松巢一组建筑，在万寿山前山西部的幽静环境中，依山势错落而建。西边的云松巢，是一座由曲垣斜廊围合成院落的单体厅堂，面阔五间，正中突出三开间敞厅供休憩之用。庭院两侧以爬山廊上下贯通，沿廊的外墙上装饰有什锦花窗，可以观赏远近景色。

东边的邵窝，是一座以厅、廊、亭穿插而成的庭院，以斜廊顺山势曲折逶迤达到东北方高处的三间厅堂邵窝。爬山廊的中部修建了一座"绿畦亭"，是南向观稼的所在。

云松巢和邵窝周围，植有茂密的苍松翠柏，又常有白云飘过，正如弘历诗中所写："云以松为盖，松将云作衣"，"云出松根松覆云，浓青淡白互氤氲"。弘历题此室名也有借鉴，他曾在诗注中提到：元代陈旅有《题云松巢图诗》；而唐代李白也有"吾将此地巢云松"的诗句。邵窝的取名，则是源于邵雍的历史故事。弘历写道："邵窝本以肖苏门，佳处曾经识百源。"邵雍是北宋的哲学家，他曾在河南辉县苏门山百源隐居，将自己住处取名"安乐窝"，被人称为"百源先生"。弘历虽以"邵窝"命名此殿，但他明确地与邵雍划清了界限。他写道："因以邵窝名，境似志则殊。安乐一身彼，安乐万方予。大小分既异，艰易宁同途？"邵雍追求的是个人一己的安乐，而弘历谓自己追求的则是万方黎民的安乐，这是根本不相同的。

弘历在万寿山西坡的清幽松林里，修建了这一巢一窝，在小园的建筑形式上别开生面，显然是寄托着他的生活理念和治国之道。

万寿山前山的昆明湖滨，修建了一道横贯东西的彩画长廊，蜿蜒曲折，绵延无尽，将分布在湖山之间的楼馆亭舫各类建筑物连缀成为一带整体景观。从东头邀月门到西端石丈亭，长廊共有二百七十三间，全长七百二十八米。中间建有象征春夏秋冬四季的留佳、寄澜、秋水、清遥四座八角重檐亭，各亭的建筑面积都是二十一平方米多些。东西两段又各有短廊伸向湖岸，衔接着对鸥舫和鱼藻轩两座小榭。鱼藻轩北与长廊相连的"山色湖光共一楼"，是一座靠山的三层楼阁式建筑，面积207.9平方米，二层楼上悬挂乾隆御书匾额。石丈亭是由十五间建筑物组成的一座院落，建筑面积为391.2平方米。院中有石峰名丈人石。弘历有《石丈亭》诗："月波楼下放烟舲，北岸维舟石丈亭。湖罨昆明行似镜，山围万寿倚如屏。适来已付东流去，不住中参亘古停。何必上皇称米癖，一拳阅世镇玲珑。"

万寿山西部景区。在万寿山西麓，昆明湖岸与水周堂所在的长岛之间，形成了一条弓形水域，称作"万字河"。河东岸至山麓，在两旁修建了几座殿堂和不少店铺。这就是南起荇桥北至贝阙（宿云檐）的"万字河买卖街"，也称"西所买卖街"，是御苑中的宫市。荇桥以北沿河有旷观斋和日升号、百味馆、天露店、万馥楼、裕丰当等多家商户；东侧依山修建了蕴古室、小有天殿、延清赏楼等殿堂。买卖街南端建有寄澜堂以及稍南的浮青榭、小西泠等。寄澜堂西侧即是石舫。长岛南端有一座五圣祠。

旷观斋是在万字河东岸，依河曲建成的矩形殿堂，与东边山麓的小有天殿、延清赏楼东西相向。坐此斋向西瞭望，远赏西山烟云，近观大湖溪田，使人心旷神怡。弘历却在《旷观斋》诗中说："憩坐旷观斋，因思旷观意。旷观景固佳，旷观理非易。"由观景想到观理之不易。他在诗中阐述：泰山是何等的高耸雄伟，但一指以蔽之就看不见它了。况且用人是贤是佞，治国之政治措施是否恰当，会不会由于某些原因，在认识上受到蒙蔽而出现偏差和错误呢？这就是"旷则其观通，弗旷其观蔽"的道理。

水周堂位于长岛北端，坐东朝西，弘历称它为"溪堂""书堂"。堂西湖面开阔，可以观览西山景致。这里夏景秋景固然很美："文石以为基，绿纱以为障；荷风席间馥，漪影檐端漾"。即使在寒冬初春，也另有一番风光，水周变成"冰周"："意行趱至水周堂，四面冰光晃日光。设使悟知冰即水，不波则亦定何妨？"（《水周堂》）。

石舫是一只由青白石雕砌而成的大船，位于万寿山西南山脚，石丈亭的西北方，全长三十六米。舱楼为中国传统船楼式样，分前、中、后舱。后舱为两层，舱首对着湖岸，表示这只石舫已经安稳

1900年的石舫

地驶达此岸。

　　石舫不仅是御苑中一处新鲜别致的景点，还具有深刻的政治涵义。唐太宗李世民曾用张衡"水所以载舟，亦所以覆舟"的话，教训他的儿子要做个好皇帝。魏征也曾用"怨不在大，可畏惟人，载舟覆舟，所宜深慎"的道理，规劝李世民舍弃奢靡，艰苦进取。弘历在《石舫记》中说："凛载舟之戒，奠盘石之安。"正是引用上述历史故事作为鉴戒，希望大清王朝像磐石般坚固，像一艘巨船在历史的长河里破浪前行。他在《石舫》这首诗中，表达了同一思想：

　　　　雪棹烟篷何碍冻，春风秋月不经澜。
　　　　载舟昔喻存深慎，盘石因思永奠安。

　　万寿山后山景区。万寿山后山中部，从山根松堂到山顶这个中轴线上，布列着须弥灵境阁、香岩宗印之阁、四大部洲，排列有序，层层升高，古刹飞金，琉璃耀彩，青松挺拔，气势壮观。这又是一座具有浓厚政治色彩而修建的宗教建筑群——喇嘛庙。这组建筑群的安排，是按照佛教宇宙观设计的，比较完整地体现了佛国世界形象。须弥灵境阁建在松堂上边的巨大平台上，两侧有三米高的经幢，刻写着佛教经文。沿山直上即是三层高阁"香岩宗印之阁"。崇阁周围有象征佛教世界的四大部洲，即胜身洲、赡部洲、牛货洲、俱卢洲；其间又修建了四个小部洲。在寺院的四角还有代表佛之"四智"的红、白、黑、绿色的四座喇嘛塔。塔形精致玲珑，造型端庄壮观，色彩艳丽鲜亮，系仿西藏摩耶寺建造成的。四大部洲中间还有两座台殿，代表日台和月台，是日月环绕佛身的象征。在寺院的东西两侧,还建有两座寺庙,是为善现寺和云会寺。喇嘛塔层层缀有铜铃,共有一百多只;四大部洲的瓦檐也悬挂着二十多只大铜铃。当山风吹动,铜铃齐响,那清脆悠扬的铃声,述说着藏传佛教的兴旺和各民族间的融洽与团结。

万寿山后山西部,环境幽静深邃,富有山林野趣。在山麓水滨,错落有致地修建了几座小型园林。自西而东排列着绮望轩、赅春园、构虚轩等,构成了皇家园林的别样风格。

绮望轩是位于后山中御路西头、后溪河西端南岸上的一座园中小园。这座建筑,搭砌假山石为园门,一轩一楼一斋三亭由六十四间游廊连接,修建在假山石上。主体建筑绮望轩面阔三间,建在临河假山石洞上,与对岸的"看云起时"隔河相望。绮望轩南边修建一座二层建筑停霭楼。轩和楼之间有东西两道三折和四折的游廊,合围成一座凸字形院落。东西游廊转折处,分别建一座八角亭和含方亭。

绮望轩建在离北园墙不远的假山上,地势较高。弘历常在此引颈北望,观看庄稼生长情况。园外的田地绿野铺禾,常常给人带来一些喜悦。他的一首《绮望轩》诗写道:"高下黄云一色同,西成今岁幸绥丰。秋郊端胜春郊望,惟是闲花紫间红。"

在绮望轩的东南山坡上,建有另一座园中园赅春园。园门在山路南侧,入园,两层台地上建有蕴真赏惬殿。前廊两侧建有曲廊,西廊连接桃花沟上的钟亭,再往西便是另一座院落味闲斋;东廊可达"竹箐"。后廊西端游廊南折转东可通清可轩;轩西有石洞，取名香岩室。石洞往西是仿江宁永济寺临江悬阁建成的留云阁，阁旁石壁上刻有佛祖释迦牟尼和十八罗汉像。这是一座修建于石壁和岩洞间的岩房小园。弘历最喜爱赅春园的清可轩。这里是"山阴最佳处"，一是因为爱这里的岩洞，"最爱架梁连峭壁，不须开窗抚奇岑"；二是因为这里冬暖夏凉，"冬入则温夏入凉"，"冬燠夏凉天地妙"；三是这里可以问农观稼，"林虽翠濯无遮目，田已绿芃略慰心"。所以"山阴偶弗过则已，过则清可所必憩"，而且来此必有诗。弘历共写有清可轩诗四十六首，写赅春园内景点诗达到六十八首。他在乾隆四十六年（1781年）写的《清可轩》诗如下："石壁倚为斋，山阴此最佳。屋中开画障，几上布诗牌。通气迎眸润，却炎无汗揩。忘言宜习静，何事惹吟怀。"

构虚轩建在赅春园东北方的一座小山顶上，在万寿山后山是形制较为高大的建筑，三层敞厅式，四周出廊，面阔五间。由于地势高峻，能俯视赅春园，远眺玉泉山和香山，轩北有转角游廊连接西北山腰的静佳斋。静佳斋坐北朝南，面阔三间，前沿游廊曲折向上连接西南方的袖岚书屋。书屋面阔三间，房西抱厦也可眺望西山。弘历的《袖岚书屋》写道："回峦沓峰护书斋，诡石乔松古与偕。凭着云窗聊纵目，西山却近在襟怀。"静佳斋北有爬山游廊，顺势下行可达十字形敞厅。构虚轩这组建筑群有围墙环绕，与绮望轩、赅春园分布在山顶、山坡和后溪河畔，成为万寿山后山西部的主要建筑景观。

在构虚轩北边的后溪河畔，建有一座依山面水的两层小楼绘芳堂。小楼底层三面嵌在石壁之中，从山上往下看，这是一座单层平房。绘芳堂后建有面南的两间小轩"金粟山";堂前临近苏州河,与北岸的嘉荫轩成为对景。

万寿山后山东部的建筑,最著名的就是花承阁和澹宁堂。花承阁是修建在须弥灵境阁东侧半山腰的一座小型寺庙园林。院落依山势建在高低两层台地上。南边高台正中建一座面阔三间的"莲座盘云"佛殿,坐南朝北,前后有廊,硬山式殿顶。北边即下边平台上,在外缘三十七间弧形游廊正中建一座二柱牌楼山门;游廊东端为六兼斋,西端建面阔三间的花承阁。花承阁西邻一座小院,院南部建一座高17.6米的七层五彩多宝琉璃塔。塔前御制碑上,用满蒙汉藏四种文字镌刻乾隆《万寿山多宝佛塔颂》。其中写道:"万寿山阴花承阁西,五色琉璃合成宝塔,八面七层,高五丈余,黄碧彩翠,错落相间,飞楝宝铎,层层周缀。榱桷户牖,不施寸木。黄金为顶,玉石为台。千佛瑞相,一一具足。坐莲花座,现宝塔中。轮相庄严,凌虚标胜。用稽释典,名曰多宝佛塔。偈以颂之。"

澹宁堂位于花承阁东北方山下的后溪河南岸,依山面水,是以书斋为主要功能的点景便殿。主体建筑澹宁堂面阔五间,北出抱厦三间,前接临水码头。堂两侧建有叠落游廊,与南边的云绘轩相连。云绘轩是一座面阔五间的二层小楼,但由于建在落差较大的山坡,从南面看就变成单层的穿堂殿。殿内有楼梯可供上下。

澹宁堂隔河对岸的土山上,在松柏覆荫下建有一座翠籁亭。云绘轩东建有延绿轩和随安室。

澹宁堂的名称,是由畅春园澹宁居而来。弘历在十二岁时,第一次见到他的祖父康熙皇帝,即被看中,玄烨将这位爱孙养育宫中,康熙住畅春园时,弘历便被赐居澹宁居。其前殿为皇上御门听政和引见臣僚之所,后殿是皇上读书处,这里便成为弘历居住和读书的地方。弘历游览万寿山后山时,在《澹宁堂》诗中写道:"忆昔垂髫岁,赐居曰澹宁";"赐居缅祖德,何处弗心关"。他在诗注中写道:"畅春园内有澹宁居,昔年皇祖曾赐予居之。兹以名是堂,弗忘旧也。"他在《澹宁堂题句》诗中,表达了同样的"不忘恩眷"之情:"镜山带水足相羊,幼岁所居今号堂。七十三年如瞥眼,敢曾一念祖恩忘。"弘历在乾隆六十年(1795 年)写这首诗时,距他在康熙六十一年入住澹宁居,已经过去七十三个年头了。

在万寿山后山北宫门内三孔石桥两侧,修建了一条后溪河买卖街——苏州街。这是一条模仿江南水乡街市建造的宫廷商肆,全长约有 270 米。两岸建有六十余座二百余间铺面房,以河当街,以岸作市。几十家商店既有平房,也有楼房,街上还有牌楼、牌坊等。家家商店都取有名实相符的称号,履祥斋是鞋店,经纬号是绸布庄,品泉斋是茶馆,芳雅斋是酒楼,吐云号卖烟草,云翰斋售文房四宝,鸣佩斋专卖乐器,通裕号做银号生意等等。苏州街的商人和顾客,由太监和宫女装扮。乾隆帝奉母畅游,仿佛生活在江南水乡的商业街市,在封闭的皇苑享受着难得的乡间野趣。

万寿山东部景区。万寿山东部半山腰修建了一座昙华阁,山下有一座独立的园中之园惠山园。

昙华阁是一座佛楼,平面呈六角形,形似昙花盛开时的六朵花瓣。佛经里认为，产于喜马拉雅山麓的昙花，有祥瑞灵异之意，故取名昙华阁。这花瓣也与莲花相似，所以弘历在《昙华阁》诗中，有"碧莲朵上擎珠阁，极乐西方未觉殊"之句。昙华阁立面为二层楼阁，重檐攒尖琉璃瓦顶，檐口下有垂莲柱的装饰。佛楼内上下两层都供奉佛像。

昙华阁是万寿山东部的园林构景中心，与山下的怡春堂、文昌阁同处一条轴线，又能饱览山下周围美景。

昙华阁东方的惠山园，位于清漪园的东北部，依山而建。乾隆帝南巡时，喜爱无锡惠山秦氏寄畅园，命画师摩绘成图，携回北京，"肖其意"建成此园。惠山园有八景，其载时堂仿寄畅园的嘉树堂，是读书的场所；知鱼桥仿七星桥，是赏鱼之地；其他还有可赏壁间石刻法书的墨妙斋，观赏云气的就云楼，静听水音的水乐亭，苔径缭曲的寻诗径，以及山石仙窟涵光洞等。弘历非常喜爱到惠山园来游赏，因为这里"一事一径，足谐奇趣"。每莅小园，都会诗兴勃发，以《惠山园八景》为题的组诗，先后写了十五遍，加上其他零星的诗篇，共有一百五十一首之多。惠山园在嘉庆年间重修后，改名谐趣园。乾隆二十二年（1757年）的《惠山园即景》写道："偶称寄畅景，因涉惠山园。台榭皆曲肖，主宾且慢论。饶他千里近，消我万几烦。正尔参金地，陡然忆玉门。"

惠山园北边的霁清轩，修建在一座小山顶上，高出园墙一大截，可以登轩眺望园北庄稼长势和农民劳作的情景。年成的丰歉会引起弘历的喜悦和忧愁。他的《霁清轩》诗写道："山顶虚轩堪骋望，野无隙地大田耕。雨落麦穗正宜晒，今日方知喜霁清。"

昆明湖与十七孔桥

昆明湖景区

昆明湖东堤景区。昆明湖东岸一带,北头有一座耶律楚材墓,距东堤不远的湖中,从北到南有三个岛屿,即知春亭岛、南湖岛和凤凰墩。南湖岛有十七孔桥与东堤连接,桥东头有廓如亭和铜牛。

耶律楚材墓位于勤政殿之南。耶律楚材曾做过元代的中书令(宰相),是历史名臣。去世后按他本人遗愿,葬于他的故乡"玉泉东瓮山之阳"。修建清漪园时,将耶律楚材墓圈在园内,但修建墙垣与勤政殿及周围区域隔开,"培土为山其上以藏之"。同时在墓冢前新建祠堂三间,中供塑像。弘历御题耶律楚材墓诗,竖起墓碑,又令汪由敦书写了《元臣耶律楚材墓碑记》,镌于碑阴。

知春亭位于耶律楚材墓西边的湖中小岛上，始建于乾隆二十五年（1760年），坐东朝西，建筑面积75.69平方米，是一座重檐攒尖四方亭。此亭北以万寿山为屏，南面朝阳，得春较早，故名"知春"。也有人认为，小岛形状像一只头在西边的鸭子，取苏轼"春江水暖鸭先知"的诗意，命名知春亭。

知春亭是清漪园最知名、最重要的景点之一，此处是饱览万寿山昆明湖全景和玉泉山香山借景最好的观景点，而且与园门的距离很近，从东岸乘小船到岛上也很便当。廓如亭位于昆明湖东堤的中部，十七孔桥的东端，是一座重檐八角亭，也叫八方亭。它是清漪园内也是全中国最大的亭式建筑，面积384.95平方米，高4.29米，周围有廊，每面显三间。亭内金砖地面，内外有四十根木柱支撑，其中十六根方柱，余为圆柱。亭四周建有月台，台缘环砌宇墙。亭顶藻井天花，枋檩饰以彩绘。此亭色彩绚丽，气势雄浑，开朗空阔，虚明洞澈，所以命名廓如亭。

廓如亭与临近的水中长龙十七孔桥，南湖岛上的三层高楼望蟾阁，在昆明湖东部相互映衬，组成了一幅具有蓬莱仙山的意境，旖旎俊秀又体现皇家气派的壮丽景观。

望蟾阁位于南湖岛北部假山顶上，是仿长江岸边的黄鹤楼修建的一座三层高阁。取名望蟾，说明这是登高赏月的地方。

望蟾阁建在山石堆砌的山顶上，顺着白玉栏杆山路，要攀登上百级台阶。这座巍巍高楼，在宽阔的昆明湖上横空出世，与万寿山上的佛香阁遥遥相望，具有仙山琼阁的意境。登上高阁顶层，如身在九霄，可以饱览阁下美景："水田绿云既叠鳞，荷蒲红霞复错绣。应接不暇合静观，两言蔽之曰明秀。"（弘历《登望蟾阁作歌》）但是，弘历从未在此阁观赏过夜空的月亮，他在乾隆五十九年（1794年）《望蟾阁有会》的诗注中写道："阁建于乾隆壬申，至今已四十余年，予每登必有诗，而综记之仅登十二次。每来虽有诗，皆卯至辰返，所谓望蟾亦虚有其名耳。"看不见夜空皓月，能看见"晓月"也是一种安慰。弘历几次写诗记下观赏晓月的情景："晓轮权当夕，夏日爽如秋"，"不负佳名是今度，尚看晓魄挂西楹"。当政务繁忙时，连晓月也难得一见了。他在诗中写道："望蟾宿所名，而却未一试。晓蟾值寅卯，正为理政际。晚蟾当西戌，游罢早归跸。"（乾隆四十五年《望蟾阁》）他的结论是："是则结构乃虚掷，底须人议过自知"（乾隆六十年《望蟾阁作歌》），如同虚掷银钱，白白修建了一座不能赏月的望蟾阁。

乾隆十九年（1754年）修建望蟾阁时，由于负责工程的官员偷工减料，致使基础下沉，泊岸断裂，承受不起高楼的重量。嘉庆年间高阁被拆毁，改建为单层建筑涵虚堂，失去了往日的巍峨和高耸。

望蟾阁所在的南湖岛，原是西湖东部堤岸的一部分，上边建有一座小龙王庙。乾隆十四年（1749年）拓展西湖时，保留了龙王庙和周围的土地，成为一个一公顷面积的小岛。岛北部修建了望蟾阁，在阁南两侧分别建成了云香阁和月波楼。东侧云香阁南边的小龙王庙拆毁，重建成广润祠；西侧月波楼以南，修建了澹会轩和南端湖岸上的鉴远堂。

广润祠位于南湖岛东南部，是在明代龙王庙旧址新建的。因为宋真宗曾封西海龙王为广润王,而昆明湖也曾以西海为名,便将这座龙王庙改称广润祠,同时封龙王为"安佑普济龙神"。弘历曾多次来广润祠祈雨、请雨,在乾隆五十一年(1786年)到五十七年(1792年)这七年中,共有四次来祈雨,写有《广润祠请雨四叠丙午韵》诗。他最后一次是乾隆六十年四月二十八日来祈雨,并在诗中写道:"诣祠肃祷神灵需,渥宙庶苏农力劳。"事有凑巧,弘历从清漪园回到圆明园后,阴云密布,当夜就下起大雨,土地润湿了三寸厚,到清晨雨还没停。因为祈雨灵验,弘历便又去广润祠谢雨,并将祠名增号为"广润灵雨祠"。

在东堤的尽头,昆明湖的南端修建了一座绣漪桥。湖水从桥下流出园外,即是长河,所以此桥是来往于皇宫和御园水上御路的必经交通孔道,有昆明湖第一桥的称谓。因为桥下要宽裕地通过龙舟,所以采用了高拱单孔的建桥形式。桥高九米,与西堤玉带桥的形式相仿,俗称"罗锅桥"。桥上有乾隆御书"绣漪桥",两侧为石刻楹联:"路入阆风云霞空际涌;地临蓬岛宫阙水边明。"

绣漪桥地处清漪园南部边缘,由于当时御苑南部没建围墙,此桥平时也有百姓走过。因为坡度较陡,便产生了"桥高路陡,毛驴横走"的俗语,以及"倒骑毛驴桥上过"的笑话。

昆明湖西堤景区。西堤位于昆明湖的中部,由北而南,将昆明湖分割成东西两大湖区。曲折逶迤的长堤上,栽种了成行的柳树和桃树。红桃绿柳与远方的玉泉山、香山相融合映衬,使清漪园显得无边无际,也增添了浩渺的湖上景观。西堤是仿杭州西湖的苏堤而建,也仿苏堤六桥在西堤修建了秀丽精巧而又风格各异

西堤

的六座石桥。由北而南为柳桥、桑苎桥、玉带桥、镜桥、练桥和界湖桥。

  柳桥是西堤北端第一座桥,青石台基,桥下有三孔方形桥洞,桥面上有木构桥亭。光绪年间重建时更名界湖桥。桑苎桥西有耕织图,堤岸上遍植桑树,故名。其青石台基中间桥洞为方形,两侧桥洞上缘为圆形。桥上建木构长方形重檐攒尖桥亭,面阔三间。光绪年间重建此桥时,因"桑苎"音同"丧主",而"苎"字又与咸丰帝"奕詝"的名字同音,认为不吉利,便改桥名为"豳风"桥。《豳风·七月》是《诗经》中描写豳地百姓耕织生产活动的诗歌,与原意正相符合。玉带桥是六桥中唯一不建桥亭的桥,因为这里是乾隆乘舟沿玉河去玉泉山的必经通路,桥下要便于通航,所以设计建造得桥面高耸,体薄洁白,形成流畅的弧形,在蓝天碧水的映衬下,显得无比秀美妖娆。桥东面镌刻着乾隆御书楹联:

    螺黛一痕平铺明月镜,
    虹光百尺横映水晶帘。

镜桥为一平两坡式，方形桥孔，上建八方重檐攒尖式桥亭。桥名是借李白"两水夹明镜，双桥落彩虹"诗句的意境而取。弘历也写出了"落虹夹水江南路，人在青莲句里行"这样切实而美妙的诗句。练桥因谢朓"余霞散成绮，澄江静如练"诗意而命名。练桥为单孔石桥，上建方形尖顶桥亭。界湖桥在堤南端，桥身有一圆四方共五个玲珑对称的桥洞，上建重檐歇山顶方形桥亭。光绪年间重建时，将界湖桥更名柳桥。

在练桥和柳桥之间的西堤上，于乾隆十八年（1753年）修建起景明楼建筑群。正楼三间，四面抱厦，南北各建配楼三间，穿堂殿五间，抱厦殿五间，方亭两座，游廊六十六间。楼名出自范仲淹《岳阳楼记》中"春和景明，波澜不惊，上下天光，一碧万顷"的文句，但建筑形式并非模仿岳阳楼，而是参考了元代赵孟頫所画《画亭纳凉图》中的建筑形式设计的。在宛转空廊的昆明湖西堤，出现了几座精致的小楼，楼影倒映湖面，不仅平添了一幅美景，还送来一股人间生活气息。弘历《景明楼》诗写道："堤亘明湖迥置楼，春和佳概雅相投。汀兰岸芷晴舒暖，绿柳红桃风拂柔。布席只疑天上坐，凭窗何异镜中游。鸂鶒凫雁烟波阔，岂必无心独野鸥。"

昆明湖西岸景区。昆明湖西部水域岸边，修建了一座畅观堂。在畅观堂北侧和南侧两座小湖的中心岛上，分别修建了治镜阁和藻鉴堂。这两座中心岛，即与大湖中的南湖岛鼎足形成了蓬莱、瀛洲、方丈"一池三山"的仙景格局。

治镜阁是一座城堡式三层楼阁。上层为佛殿，供奉铜无量寿佛。此阁有内外双层城墙,外城墙直径59米,高5.4米,四个方位都建有城门;城墙上正对四门修建四座三开间的观景敞亭,四亭由六十间游廊连接。内城墙直径35米,高1.4米,城上正中建一座呈十字形的三层楼阁,四面均为三间并出抱厦门。顶层悬挂"治镜阁"匾额。内外城之间贯通湖水,双城的四对城门之间架起四座石桥,可互相通行。治镜阁新颖的建筑形式,使它成为蓬莱仙境中的一座水城。

乾隆帝修建治镜阁,具有深刻的政治含意,其意有二:"一曰镜古治,善政与恶政。二曰镜今治,敬胜与怠胜。敬则其政善,民安而俗正;怠则其政恶,君骄而臣佞。"(《题治镜阁》)他的结论是"敢不戒其怠,犹恐驰兹敬"。他认为,"万民之衣食,诸吏之奸贤,九州之丰歉,四海之经权",都是君王的"治"之所系,所以"治人先治己",要做到:"求贤惟矻矻,勤政要孜孜。"这就是弘历游览治镜阁引出的思索。

昆明湖西南部水域中,堆土成岛。中心岛的东西北三面形成逶迤的假山,中部山坳建成五开间的藻鉴堂。古代选拔人才的官吏称"藻镜",藻鉴堂的名称意为选拔人才的殿堂。弘历在题《藻鉴堂》的诗中写道:"我有用人责,贤否应勤勘",感叹鉴定贤否之不易,延揽人才之艰难,"鉴人岂易哉"。在藻鉴堂两侧,各建一条长廊,向南伸入湖中,在南端各建一座七米见方的重檐观景亭。在堂前两道长廊之间,建巨大的方形水池,池内游鱼攒动,池北岸有钓鱼台。藻鉴堂后土山上,建一座二层小楼,名"春风啜茗台"。称为"台",是因为四邻无物遮目,而不是空台。楼内是弘历居高品茗之处，饮用竹炉烹制的"三清茶"，此茶以雪水浸泡梅花、松实、佛手精制而成。

藻鉴堂西侧山坳中，建有一座"烟云舒卷殿"。

畅观堂修建在昆明湖西岸的一座土山顶上，建于清漪园竣工后的第二年——乾隆三十年（1765年），位置处于清漪园和玉泉山静明园之间。当时这里没建围墙，能畅观玉泉山下美景，还能看到农夫在广袤稻田中耕耘劳作。乾隆帝曾召词臣来此举行"观稼诗会"。弘历写道："畅观岂为观佳景，都在水田陆亩间"；"便有荷锄事耘者，何时不我系农辛"；"问予缘底畅？岁美与人和"。他在乾隆三十三年（1768年）写了一首《畅观堂》诗："观为心之用，心畅观斯畅。春雨既沃滋，春风复轻飏。春堂了不寒，春原纷可望。近湖开镜奁，远山展画幛。连塍水普足，种稻行相向。是时吾所廑，农务那能忘。苟其惬祈年，余景随时偿。"

畅观堂是观稼的最佳处所。弘历多次来此，共写诗七十二首，几乎每一首诗都离不开溪田鳞塍和晴雨耕种，体现重农兴稼的治国思想。

畅观堂坐北朝南，建筑面积387.3平方米，面阔十间，前后有廊。西配殿怀新书屋面阔三间，建筑面积129.3平方米，单层歇山顶。东配殿睇佳榭，建筑规制与西配殿相同。此榭为仿杭州西湖"蕉石鸣琴"修建。弘历在《睇佳榭》诗注中写道："西湖蕉石鸣琴在丁家山，居湖之西南。此处亭台结构皆肖之。"榭南侧建一座单檐攒尖六角亭，名复岫亭。同畅观堂一样，这东西配殿也是弘历的问农观稼之所。他的《怀新书屋》写道："湖山上

下总含滋,两字怀新景最宜。坐我西窗纵闲目,怜他农父正忙时。"他的《睇佳榭》也表现同一主题:

四时佳景递无穷,高榭惟凭一览中。

今日稻芃将麦秀,绝胜柳绿与花红。

耕织图景区。耕织图是建在清漪园西部偏北的一处具有江南风情、体现耕稻织丝生产的景区。在玉带桥西北的玉河北岸,修建了一组建筑群。临河为玉河斋,西为蚕神庙,北为染织局。染织局内,前为织局,后为络丝房,北为染局,西为蚕户房。染织局后为水村居。

乾隆三十四年(1769年)弘历见到元代画家程棨所临摹楼璹绘制的《耕织图》真迹,题诗并写序跋,做成四十八块石刻,嵌砌在耕织图景区内延赏斋的前轩廊壁上。

2000年复原后的耕织图景观

修复后的耕织图延赏斋

玉河斋前立有镌刻御题"耕织图"的昆仑石。石阴面显著位置镌有弘历在乾隆十八年（1753年）写的《自御河放舟至玉泉山》诗中节录的四行诗句：

玉带桥边耕织图，织云耕雨肖东吴。

每过便尔留清问，为较寻常景趣殊。

耕织图景区的建成，为御苑增添了一处风格独特的景观，但弘历建此景另有深意。他在几首《耕织图》诗中明白地写道："却非役目于林泉，更弗玩物乎花鸟"，"非关缀闲景，藉可验民依"。他的《水村居》诗写道："舟往仍须舟与还，沿缘棹过水村湾。竹篱茅舍春增趣，蚕事农功时尚闲。墙外红桃才欲绽，岸傍绿柳已堪攀。蓄鸡放鸭非无谓，借以知民生计艰。"可见修建耕织图景区，体现了乾隆帝重农兴稼的思想，游赏此处景观使人不忘国计民生。

以上简要地介绍了万寿山清漪园主要建筑景观的概貌。清漪园的高超规划设计和丰富优美的景观，使它在"三山五园"中独树一帜；真山真水的自然风貌，使乾隆对它情有独钟；加之与圆明园近在咫尺，它便成为弘历经常游赏的御苑。

弘历游览清漪园时的莅园路线和行路方式多种多样。他常从圆明园乘轿而来，或出御园大宫门进入清漪园大宫门，或出藻园门进入霁清轩北的东北门。他也经常在畅春园向皇太后问安毕，而顺便乘肩舆西行进入大宫门。有时从皇宫出西直门，沿长河乘龙舟穿过绣漪桥进入昆明湖登岸。也有时游香山、玉泉山，在玉河乘画舫由玉带桥下驶进清漪园。他一般都是轻车简从，尽量不动用卤簿仪仗。

弘历到清漪园主要是观山赏水，游赏自己规划设计的皇苑美景，但也不是单纯的为了休闲。他经常奉母来游，或到大报恩延寿寺焚香祈祷，彰显自己的孝心。他在天气干旱时，会到龙神祠祈雨，盼望有好的收成，牢记重农兴稼的基本国策。他坚持"游园不废政务"，在玉澜堂或鉴远堂召见臣僚，议事理政。他还会登上南湖岛的假山，观赏昆明湖水猎或检阅水军操演。清漪园是乾隆帝的赏景佳地，也是他理政的所在。

赏景引来诗兴。弘历吟咏出一千五百多首万寿山清漪园的诗。其中咏昆明湖的诗最多，有二百六十二首，咏万寿山的也有一百一十九首；咏单体建筑最多的是清可轩，有四十六首。弘历有些诗作古僻枯涩，缺少诗味，但也有通畅易懂、质朴自然、声情并茂的作品，有一定的艺术欣赏价值。弘历诗的真正可贵之处，在于它的科学价值和史料价值。这些诗作,为人们提供了清漪园的建园规划思想、景点修建年代、景观命名缘由、花木配置特点,乃至四季物候风光等等,成为研究和认识这座皇苑的最可靠的第一手资料。弘历诗还记载了一些重要的政治活动和皇帝本人的生活及思想感受,是认识那个时代的可贵资料。弘历咏清漪园诗,全部完整地保留到现在,成为北京和中国历史文化财富的一部分,仍然值得人们去认真地揣摩、领略和仔细欣赏。

焚毁与重建

咸丰十年八月二十二日(1860年10月6日),英法联军侵占海淀,火烧圆明园。清漪园笔帖式广第一家五人不忍受辱,在海淀镇家中投水自尽。二十三日,二百余名侵略军官兵闯入清漪园大宫门内,大肆抢夺劫掠珍宝财物。清漪园员外郎泰清全家,在海淀镇家中自焚殉难。九月初五日(10月18日),英法联军骑兵团将包括清漪园在内的"三山五园"的珍宝陈设劫掠一空,并纵火焚毁,万寿山上下的雄伟建筑和壮美景观,霎时变成一片废墟。

光绪年间,慈禧太后不顾国势衰弱,经费困难,执意在清漪园旧基上,修建成颐和园。重建工程开始于光绪十二年(1886年),到光绪十四年(1888年)已初具规模,即正式更名颐和园,全部建筑到光绪二十一年（1895年）完工。

关于颐和园的修建，我们不能忘记样式雷在设计、建筑和施工过程中所做出的重大贡献。样式雷家族从雷发达参与康熙年间的宫殿园林建设，历经二百多年，一直在清廷内务府样式房工作，负责皇家建筑的设计和施工。光绪年间修建颐和园时，样式雷第七代传人雷廷昌，身为样式房的掌案。他曾主持过同治重修圆明园、西苑三海，以及同治帝惠陵、东西两太后定东陵等重要皇家建筑工程。雷廷昌全面负责颐和园建筑设计工作。如今保存在国家图书馆善本特藏部的修建颐和园的样式雷图档，就有三百余件。既有御园全图，也有园中小园和单体建筑设计图；既有平面图，也有立体图；还有装修图案、河湖码头桥梁、各类陈设等设计方案。这些不同形式、不同种类和不同功能的样式雷画样，是建设颐和

万寿山后被损毁的藏式佛塔

园的蓝图和依据，蕴涵了几代样式雷从事皇家园林建设的经验和智慧，体现了建园主人即慈禧太后的造园主旨和意图，也是我们研究清漪园复建工程的最可靠、最真实的根据。

颐和园建成后，慈禧太后在此园主持全国政务直到去世。

民国年间，颐和园作为公园向广大公众开放。

中华人民共和国成立后，颐和园得到充分的重视、保护和建设。这座"博物馆式的皇家园林"，变成了受到亿万游客喜爱的人民公园。1961年国务院公布为全国重点文物保护单位。北京市人民政府在全面建设园林景观的同时，重建了四大部洲、苏州街、耕织图以及赅春园、澹宁堂、景明楼等众多建筑景观，基本上恢复了清漪园时期的繁盛风貌。1998年，颐和园被联合国教科文组织列入《世界遗产保护名录》，正式被定为世界文化遗产，中国的传统文化和造园艺术获得了全世界的公认和赞誉。

玉泉山静明园记盛

玉泉山是北京的一座名山。它以喷涌趵突的玉泉来命名，使它成为闻名遐迩的著名风景区。金章宗完颜璟在山上修建了芙蓉殿行宫，玉泉垂虹又被评为"燕京八景"之一，更提高了它的知名度。明英宗正统年间在此建成昭化寺和华严寺，山腰崖畔的山洞也成为尊佛崇道的神圣地域。无数诗人墨客用最优美的文字描述玉泉山的锦山绣水和深邃丰富的文化蕴涵。清代康熙乾隆年间在此建成了三山五园之一的玉泉山静明园，使它成为中国造园艺术最高水平的一个代表作，又是中国传统文化集中体现的宝库。如今，它以重要的历史文物和革命纪念地的独特风采展现于世人面前。

清代建成玉泉山静明园

康熙帝建成澄心园

玉泉山地处瓮山和香山之间，山势峻峭，泉流丰沛。清入关后首任皇帝福临，在顺治年间即多次在此校猎和驻跸，并派太监来进行管理。玄烨从康熙十九年（1680年）开始修建玉泉山行宫，当年十二月二十二日即"驻跸玉泉山"。二十一年行宫建成后，命名"澄心园"。当年八月初三至十一日，玄烨在此园连住了九天。玉泉山澄心园在康熙三十一年（1692年）奉旨更名为"静明园"。静明园成为玄烨经常游览赏景和驻跸理事的山水离宫。

玉泉山的管理官员，澄心园时初设管园总领一人、副总领二人。康熙三十年（1691年），增设副总领和笔帖式各一人。

澄心园的建筑景观主要有清音斋、心远阁、赏遇楼等。清音斋位于裂帛湖北侧，殿堂三楹，坐北朝南，殿额为康熙帝御书。这是澄心园中最早的建筑。弘历在诗注中写道："静明园建自康熙年间，清音斋皇祖御额也。"清音斋旁翠竹成林，矗立两株古栝，依山面水，满庭绿荫。玄烨坐在斋内读书品茶，窗外泉声风声隐隐传来，更衬托得这里清爽静谧，环境幽雅。心远阁位于玉泉山

玉泉山静明园记盛 / 159

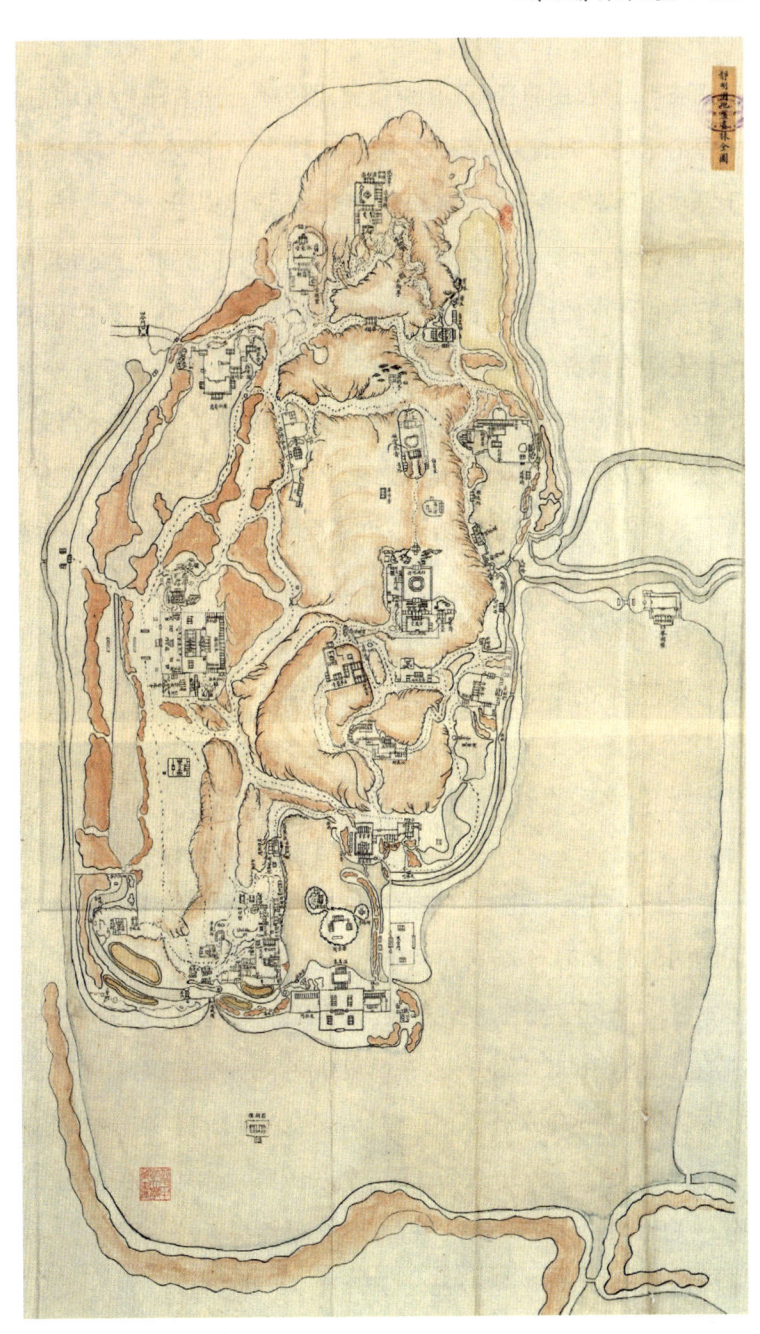

静明园地盘形势全图

东南坡半山腰，由清音斋顺山路攀登，路旁有三楹敞轩，坐北朝南，即是心远阁。阁西另有房屋三楹，额题"碧云深处"。赏遇楼位于玉泉山西南侧岭上，四周松竹围绕，可以眺望园外风光，是出西门的必经之路。弘历在乾隆五十一年（1786年）登上此楼时，称它为百年书楼。在"好在书楼百岁矣"句后有注："园中诸处间或有新构筑者。至清音斋暨此赏遇楼，皆康熙年间所筑，逮今百年矣。"函云城关，《日下旧闻考》载："绣壁诗态之北为水月庵，又东为城关"。"城关建自康熙二十年，圣祖御题额曰函云。"这座石头城关高丈余，东额函云，西额澄照，皆康熙御题。这座城关是园内东西相通的要道，往东可达龙王庙。

康熙帝修建澄心园，是为了在春末至秋初到此休憩避暑，小住几天在园内理政，并不是常年居住的御园。

乾隆帝建成静明园

弘历从乾隆十五年（1750年）开始，大规模地扩建新建静明园的景观建筑。到乾隆十八年（1753年），静明园的扩建工程基本告竣。园区范围扩展到玉泉山的四周，建起了高高的虎皮石围墙。园区南北长1350米，东西宽950米，占地总面积达到65公顷。弘历在这年六月写下了《静明园十六景》诗。这十六景是：玉泉趵突、廓然大公、芙蓉晴照、竹炉山房、圣因综绘、绣壁诗态、溪田课耕、清凉禅窟、采香云径、峡雪琴音、玉峰塔影、风篁清听、镜影涵虚、裂帛湖光、云外钟声、翠云嘉荫。这十六景，每一景都是一处独立的园林景观，或者是一处园中之园，或者是包括几个景物的一组建筑群、风景群。这十六景的分布遍及全园，但主要集中在玉泉湖周围的南麓和东麓。

一个月后，即乾隆十八年（1753年）七月，弘历认为"玉泉山盖灵境也，虽亭台点缀，时有晦明，而山水吐纳，岚霭朝暮，与造物相终始。故一时之会，前后迥异，一步之移，方向顿殊，吾安能以十六景概之。即景杂咏，复成十六首"。这后写的"三字静明园十六景"是：清音斋、华滋馆、冠峰亭、观音洞、赏遇楼、飞云岫、试墨泉、分鉴曲、写琴廊、延绿厅、犁云亭、罗汉洞、如如室、层明宇、迸珠泉、心远阁。这静明园"三字十六景"，每一景都是一个单体建筑物或独立的自然景点。其中有一部分景点就包含在十六景的一些景观中。如华滋馆是翠云嘉荫的一座主要建筑物；分鉴曲、飞云岫是风篁清听的一部分；层明宇和圣因

玉泉山旧照

综绘紧连在一起；延绿厅、试墨泉则包含在镜影涵虚一景中。这三字十六景中，有相当一些景点是在乾隆十五年（1750年）以前旧有的建筑和自然景观，如清音斋、赏遇楼、心远阁、观音洞、罗汉洞等。这些景点纳入三字十六景中，给人的印象是：弘历想重提一下他的皇祖玄烨对建园所做出的贡献，显示他并未"忘祖"，当然这些景点也确实具有较高的观赏价值。

静明园在乾隆中期还有几项续建工程，其中最重要的就是乾隆二十年（1755年）以后，修建香山引水石槽和开拓高水湖、养水湖工程，以及在园内修建涵漪斋建筑群。在乾隆二十三年建成静明园最大的寺庙群东岳庙和圣缘寺。三十六年在北峰上建成了妙高寺、妙高塔以及周围的楞伽洞等佛教景观。

静明园的管理官员和服务员役，从乾隆五年（1740年）后屡有增加。乾隆三十四年时，设有苑丞二人，苑副六人，委署苑副十人，笔帖式二人，催长一人。各类服务员役，包括园隶、园户、园丁、匠役、闸军等共有187名，另有太监58名。静明园的护卫工作，由圆明园护军营负责。

景观概貌

乾隆年间的静明园，其最突出的特色和优势在哪里？什么景观成为它最吸引人的地方？那就是静明园"三绝"：泉水、宝塔和山洞，其中最突出的是泉水和水景观。

玉泉山的泉水和水景观

玉泉是玉泉山的生命和灵魂。"玉泉山以泉名。泉出石罅，潴而为池""玉泉山沙痕石隙随地皆泉。山阳有巨穴，泉喷而上，淙淙有声"。诗人们形容它跳珠溅玉、浮花溅石、飞瀑流珠，是十分壮美的自然景观。

玉泉确有与众不同的地方，归纳起来有四条：

第一，玉泉质轻味甘，清澈如玉。明代作家形容它"水清而碧，细石流沙，绿藻紫荇，一一可辨""水澄以鲜，深而浮色，定而荡光，数石朱碧，屑屑历历，漾沙金色，波波萦萦，一客一影，一荇一影，客无匿发，荇无匿丝"，其清彻洁净无与伦比。

弘历提出了判断泉水优劣的标准，认为"水之德在养人，其味贵甘，其质贵轻。然三者正相资，质轻者味必甘，饮之而蠲疴益寿。故辨水者恒于其质之轻重分泉之高下焉"。他曾制成一只银斗，每出巡一地即令内侍用银斗精量各泉泉水的轻重，先后共测量了十一处名泉。弘历得出结论："凡出山下而有冽者，诚无过京师之玉泉"，玉泉质轻而味甘，"若至此，则定以玉泉为天下第一矣"。

第二，玉泉灵泉浚发，冬季不冻。玉泉地处北国，冬季严寒，各处池塘河湖都要结冰封冻。但玉泉水夏凉冬暖，终年不冻。即使玉泉水流成的玉泉湖和玉河（北长河），冬季也不封冻。当地乡亲称玉泉为"暖泉",称玉河为"暖河桶"。弘历说:玉泉"泉暖故园中水历冬不冻";"园中汇玉泉之水为湖,经冬不冻,澄泓见底,其赖灵泉浚发所致。晋傅咸《神泉赋》所谓'在夏则冷,涉冬则温'者是也。"乾隆五十六年(1791年)早春二月,弘历游览静明园,看见玉泉湖畔有一株山桃花凌寒绽放,当即写下诗句,"春冷虽云众卉勒,泉灵却见一株开",并高兴地说:"北方虽际春分,而天气尚寒,惟玉泉之水经冬不冻。是以今日来此,其旁山桃竟有开放者。"

　　第三,玉泉水量丰沛,常年涌流。玉泉山遍地皆泉,水量大,有清一代从未断流。泉水在东如意门北侧三孔闸流出东园墙时,因有一定落差,哗哗的流水溅激声传出二三里地,在青龙桥西即能听到。

　　弘历钦定玉泉为"天下第一泉",不只由于它质轻味甘,还因为它是京畿多条河流的总源头。他写有诗句:"泉称第一冠天下,灵佑皇都万载资",并在诗注中加以阐述:"玉泉灵源浚发,畿甸众流皆从此滥注。予因定为天下第一泉。"玉泉水流出静明园后,流向东北方的是为清河。流向东方昆明湖的是玉河(北长河),流向东南方的是金河。昆明湖水流向京城是为长河(南长河),金河也在昆明湖南几百米处汇入长河(原先与长河平行东南流,从和义门南进入京城)。长河水由北护城河东流便是坝河,流进城内便有了积水潭、什刹海、西苑三海、金水河、玉河、护城河以及出城后的通惠河。可以说,汇合了西山泉水的玉泉水是明清北京城的主要的有时甚至是唯一的地上水源。玉泉水对北京的农田灌溉和园林建设乃至整个城市建设和市民的生活环境是非常重要的。

第四，宫廷用水，特酿御酒。由于玉泉水的优良品质，使它成为清代特定的宫廷用水，并以此水为原料制成了宫廷用酒——玉泉酒。清代宫廷十分注重饮用水的质量，自从玉泉被钦定为天下第一泉后，即特定为宫廷专用饮水。《清稗类钞·饮食类》记载："若大内用水，则专取自玉泉山也。"宫廷内的食用水，由内管领负责，每天派专人驾驶插有宫中小黄旗为标志的马拉水车，从玉泉山起程，进西直门运到宫内。西直门从此也取得了"水门"的专用称呼。玉泉水运进御膳房供帝后享用，凡尚膳、尚茶之水全部取自玉泉山。即使乾隆帝外出巡幸、围猎时，也要"载玉泉水以供御用"。

清宫御酒也要专以玉泉水酿造。清代宫廷酿酒由光禄寺良酝署负责。用玉泉水酿酒有专制的配方：每糯米一石，加淮曲七斤、豆曲八斤、花椒八钱、酵母八两、芝麻四两，可造成醇美浓香的玉泉旨酒九十斤。玉泉酒的品质醇厚清香，为社会所公认。汪启淑《水曹清暇录》之《京城名酒》一节略称：京城佳酿素称竹叶飞清、梨花湛白等。药酒则推状元红、五加皮等。外贩又有清河干榨、汾州白烧等。南来最好绍兴陈酝、杭州花露、无锡惠泉等，然价极昂，却总不及光禄神酎、玉泉醴酒醇而清香也。

乾隆朝酿制玉泉酒以后，皇帝平日用酒及节日饮用，主要是玉泉酒；御膳房做菜，也以玉泉酒为调料。乾隆帝每日晚餐经常饮用玉泉酒。据《内务府奏销档》载：乾隆五十年（1785年）

在乾清宫举办盛大的千叟宴，一次就饮用玉泉酒 400 斤。皇帝还经常将玉泉酒赏赐宠臣、太监，用于祭典之礼。凡皇帝诞辰忌辰、清明节、端阳节、重阳节等，均需供玉泉酒于奉先殿。光绪十年这一年内，不包括酒宴，只是宫内帝后膳房用酒、御前太监添行饭盒用酒、奉先殿等处供酒、合药用酒等项，共销用玉泉酒八千零八十二斤二两。

静明园内泉水众多，经过建园时的开发和疏浚，形成了一个完整的水系，既有利于向京西各座园苑和稻田灌溉以及京城供给足够的用水，又有利于在园内营造景观和乘船游览。玉泉湖水，一股向西南流，经垂虹桥从南园墙的水城关流入高水湖；另一股向东南流，由东宫门前的南闸出园，流入高水湖；还有一股汇合裂帛湖水向东北流，再汇合由北边引来的宝珠湖和镜影湖水，从东园墙出三孔闸流为玉河。园西北部有一座涵漪湖，是从香山和樱桃沟引来的泉水。湖水顺西园墙南流，穿过西宫门内小桥，经过西大庙前，在园西南部汇合进珠泉水，东流在垂虹桥与玉泉水汇合，流出水城关。这些水流，最终通过长河流进京城。静明园内湖水互相连通，建有多处码头和船坞。弘历游园时，经常乘船驶往各处景点，也发挥了此园泉多水旺的优势。

静明园是一座山地园，但也是水景园，被弘历称为"渚宫"，很多景观都是因水而设，以水成景，有水皆美，涉水成趣。十六景中很多就是各具特色的水景观。

玉泉、玉泉湖和湖内外的景观

玉泉位于玉泉山的东南山麓，玉泉潴而为池，称为玉泉池、玉泉湖，简称玉湖。这是静明园最大的一座湖，湖界略呈竖长方形。据样式雷图档记载："玉湖南北均长七十二丈，均宽五十二丈五尺。"此湖被弘历称为"第一湖"，有"取之不尽用无竭，第一泉为第一湖"的诗句。玉湖内外各类景点集中，有十六景中的五个景观，而且都是乾隆帝经常光顾的地方。

一是玉泉趵突。位于玉湖西岸玉泉山麓。原称"玉泉垂虹"，是金代明昌年间燕京八景之一。康熙二十四年（1685年）出版的《宛平县志》称之为"玉泉流虹"。玉泉湖西岸，玉泉近旁有两通石碑，左碑刊"天下第一泉"五字，为乾隆御笔；右碑刊御制《天下第一泉记》，记述第一泉命名的缘由，碑文由汪由敦书。再上一层石台，台上立有两块石碣，左碣刊御书"玉泉趵突"：上勒乾隆十六年（1751年）闰五月二十九日上谕："京师玉泉，灵源浚发，为德水之枢纽。畿甸众流环汇，皆从此滢注。朕历品名泉，实为天下第一。其泽流润广，惠济者博而远矣。泉上有龙神祠，已命

明代王绂燕京八景图之玉泉垂虹

所司鸠工崇饰，宜列之祀典。其式一视黑龙潭，该部具仪以闻。"这座龙王祠就建在石碣上方，面阔三间，庙门匾额御题"永泽皇畿"，于乾隆十七年（1752年）落成。此后，弘历多次到此祈雨谢祠，并写了多首来此祈雨的诗。

二是芙蓉晴照。玉泉湖的中部偏南，有三座小岛，是按"一池三山"传统的仙境格式修建的。中央大岛上建造一座两层楼阁正殿，名叫乐景阁，其内檐额题为"芙蓉晴照"。楼前有两座牌坊，坊上石刻一为"宣恺泽振德风"，一为"晴岚接翠玉，镜澄波中岛"。楼旁有一座扇式殿，御题殿额为红泉馆。西岛正殿为受虚堂，堂边有座潄烟亭。东岛建有漪锦亭。

芙蓉晴照没有桥和路与岸边相连通，必须乘船到达。御船码头设在南岸正中，船坞则在玉湖东北角。

乐景阁四面开窗，可在此欣赏四方的四季风光，春花夏荷秋月冬雪的景致美不胜收。但是在"乐景"阁观赏四时美景，就能获得真正的"乐"吗？弘历的回答是：观赏美景固然是件乐事，但真正能使内心欢乐的，还是日思夜想的全国的农业丰收。他的《乐景阁》诗正是这样表达的："湖中高阁耸，纳景四时全。春丽花开日，夏凉荷净天。月波只秋洁，雪岫益冬妍。问我乐何若，绥丰始信然。"

三是翠云嘉荫。这是修建在玉湖东北岸边的一座"园中之园"。宫门上御书匾额为"翠云嘉荫"。院内五楹正殿是乾隆行宫华滋馆，此殿建筑木料为清一色楠木，称作楠木殿。华滋馆有三间后抱厦，抱厦北边靠近山岩处是一座与华滋馆同样规模的翠云堂。堂后有两株植于金代的桧柏和几株古老的松树。桧柏高耸挺直，树冠繁茂丛郁，犹如一片翠云，树绿荫浓，幽静清爽。"两树盘盘蔚翠云"，"双桧不知古，一庭都是云"，翠云堂之名由此而定。弘历又"因树为屋，故以嘉荫为名"，将此景定名为"翠云嘉荫"。

翠云堂的西边建有三楹落膳房，以供乾隆莅园时用膳。堂东边还有三座建筑一字排开，是为甄心斋、湛华室和点景房，中间有曲折游廊连通，前后有粉墙围护，斋前有弯曲的溪水流过，将玉湖和裂帛湖勾通。

甄心斋屋后有一片茂密的竹林，为这座湖畔小园林增添了生机和雅趣。弘历很喜欢这片石壁下的翠竹，常在此徘徊观赏。乾隆三十九年（1774年），竹林生病，竹子生花，整片地枯萎了。弘历束手无策，便令词臣在《永乐大典》里查阅医治竹花的办法。在《农桑辑要》一书中果然查到了"治竹花法"："竹花结实为稗，谓之竹米。一竿如此，久之举木皆然。惟于初米时，择一竿稍大者，截去近根三尺许，通其节以粪实之，则止。"按此法试验，果然成功了。到乾隆四十一年（1776年），竹林又恢复了繁盛翠绿的原貌。弘历写《甄心斋咏竹》诗以记其事，诗中有这样的词句："昨岁得医法，病祛兹益茂。是因翻大典，体物奇功售。猗猗百叶冗，轰轰千竿凑。映日弯凤舞，摇风笙筑奏。"

四是廓然大公。这是建在玉湖南岸的一组建筑，正门在南边。宫门外立有牌坊，石刻额为"月渚""雪澜"。进静明园五楹南宫门，为廓然大公殿，正殿七楹，悬御书匾额。东西配殿各五楹；第二进院的后殿三楹，悬"涵万象"御书匾额。这是静明园的宫廷区。

建筑严整，布局对称，与北边玉湖中岛上的乐景阁和南园墙上的南宫门，形成一条南北中轴线。

五是竹炉山房。位于玉湖的西南岸边。从龙王祠顺山路南行，由爬山荷叶墙开辟的东向屏门进院，便是坐西朝东的"竹炉山房"。此山房是仿"惠山茗室"修建。乾隆十五年（1750年），弘历南巡，在无锡惠山茶室听松庵品茗，喜爱烹茶竹炉之精雅，便命吴工在玉泉山和盘山仿制。静明园之竹炉山房于第二年建成。山房朴素幽雅，四壁陈放着许多册古人的茶书茶经，成为弘历经常莅临品茶休憩的地方。

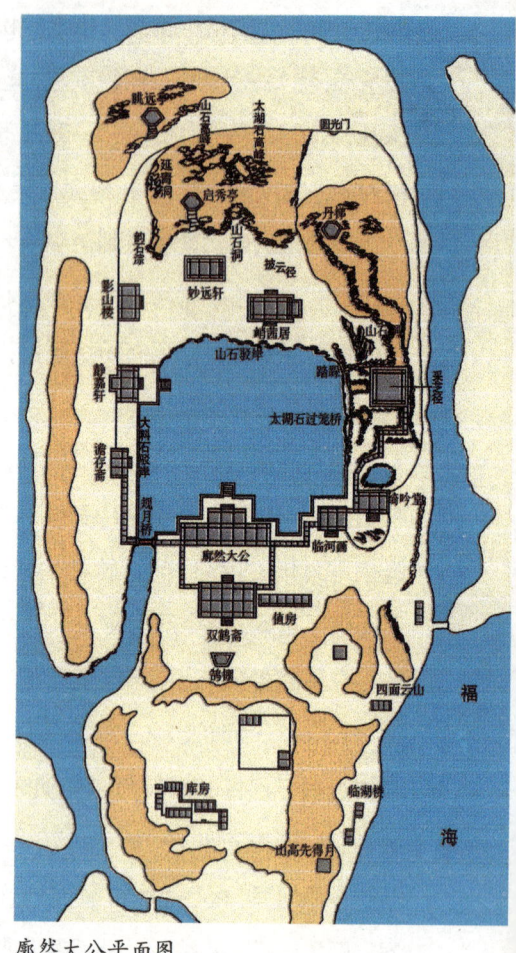

廓然大公平面图

弘历把竹炉山房建在"泉上""泉傍"，就是为了用天下第一泉的泉水烹茶。"山房咫尺玉泉边，汲水烹茶近且便""每至山房必烹茶，锅炉瓷梳称清嘉"。他认为，江南中泠虽称第一泉，却没有竹炉用来烹茶；惠山虽有竹炉却是第二泉；只有在玉泉山竹炉山房烹茶，用的是天下第一泉的泉水，又是用竹炉烹制，这是最好的最爱饮的茶水。他饮用的茶叶也是天下第一，是最好的龙井雨前茶。弘历的《竹炉山房作》一诗写道："泉傍精舍似山家，只取悠闲不取奢。就近烹炉第一泉，尝新遂度雨前茶。"诗注说："时浙省例贡雨前新茗适至，遂以泉水试之。"

弘历每至泉傍山房饮茶，必有新诗题写。到乾隆五十八年（1793年）仲春再来此地时，他已经写了五十多首以竹炉山房为题的诗。再写新诗，已是壁间无处可容了。怎么办呢？他写道："楣檐题遍浑无罅，不竭用之泐壁阿"，并写出诗注："向日山房题咏俱揭之楣间，年久已遍，无隙可容。因于山房外石壁间摹泐，嗣后可以用之不竭矣。"他要用室外"选壁泐石"的办法，继续将竹炉山房的诗写下去。此后又写了九首山房诗，直到去世前半年还写了两首。

竹炉山房的前边是一道山溪，是玉湖水流往垂虹桥的通道，河岸为山石泊岸和护岸栏板，栏板中设有御船码头。沿河西岸，从竹炉山房到西院墙有一道长28间的爬山游廊。院内紧靠西侧山道，还修建了开锦斋和翠太和两座建筑，与山房有曲折游廊连通。翠太和的建筑规制与竹炉山房完全相同。"开锦斋殿一座三间，各面宽一丈二寸，前后各进深一丈二寸，周围廊各深四尺二寸，柱高一丈一尺"（样式雷图档）。在这座湖畔山麓小院中，开锦斋是主要建筑。位置居中，坐西面东，且规制较大。弘历对此处的位置和风景十分赏识，说它"背倚石崖耸，面临湖水流……四时花似锦，讵独擅于秋"。

从开锦斋往西，便到了玉泉山的西南侧岭，山峰上有康熙年间修建的赏遇楼，弘历称之为"百岁书楼"。楼旁青松挺拔，翠竹摇曳，可以眺望园外风光，是弘历进西宫门游园的第一个憩息站。他的《赏遇楼》诗写道："一径茏葱入古松，重楼畅望据西峰。今朝赏遇于何是，所愿春云布渐浓。"

裂帛泉、裂帛湖和裂帛湖光

裂帛泉位于玉泉山东麓，玉泉湖的东北方。泉水从山麓喷出，在泉眼东山下汇成一座小湖，名裂帛湖。裂帛湖是静明园第二大的湖面，南北长51丈，东西宽约6丈。湖西岸有六角龙王亭，亭边大石上镌刻乾隆御题"裂帛湖"三个大字。湖北岸有建成于康熙年间的清音斋，额题为康熙御书，内檐额为"高山流水"。裂帛湖畔这优美的景观，被称为"裂帛湖光"，为静明园十六景之一。清音斋的东边是坐西面东的含晖堂。含晖堂正对东宫门，门外玉河设码头，是弘历从清漪园到静明园的登陆地点。所以含晖堂便成为弘历在静明园的最先落脚点，也是在此园的"视政之所"。

溪田课耕和迸珠泉

在玉泉山南麓的西部，水城关以西的园墙内，是一片河泡和稻田。在河北岸山麓，建有一座课耕轩，这里便是"溪田课耕"一景，为静明园十六景之一。东有平路通向华藏海寺，西有山路可崎岖到达迸珠泉。东北和西南院墙外，各建三间值房一座。弘历在御苑修建溪田课耕一景是为了问农观稼，"与田翁课晴量雨"。

峡雪琴音和山顶泉

峡雪琴音是静明园十六景之一，位于玉泉山顶峰北坡的一座山峰上。进门后正房是五楹殿堂，东厢房五间，西侧有两座平台，分为两间和三间。正殿悬"峡雪琴音"匾额，殿内额为"丽瞩轩"。从中间的穿堂来到后院，正房三间，东西有顺山房和转角房。东房五间，南为俯青室，北为罨画窗。房东侧为山石峭壁，砌有虎皮石泊岸。院西侧为七间游廊，廊壁上嵌七孔什锦花窗，院正中是一个大型山池，东西长五丈余，南北宽三丈。水源从院西山峡通过游廊下的水沟流进山池。山顶泉水发源于游廊西侧山石中，弘历诗序写道："山巅涌泉潺潺，石峡中晴雪飞洒，琅然清圆。"这就是命名"峡雪琴音"的原因。

出第二进院北行，沿山石踏跺下山，在半圆形荷叶墙北部正中，开辟一座圆光门，通向北山。

因为此景建在山巅，经常有白云缭绕，弘历称之为"云衢"，称丽瞩轩为"云轩""高轩"。弘历《丽瞩轩》诗写道："虚窗面面听松涛，峰顶开轩据最高。碧涧深潭常在望，春风秋月总宜遭。"而东边的罨画窗和俯青室，则可以东望万寿山、昆明湖和山下的玉河、垂柳以及稻田。这里一窗一景，一瞥一画，望不尽的山水画、田园画、人物画，然而皇帝最关心最爱看的还是秧苗、稻穗所构成的农村丰收画。"近巘遥峰一览中，最欣铺甸绿苗芃"，正是表达了这种心境。

出峡雪琴音南门，可到东南方的丛云室。出北边圆光门，可到西北方的招鹤庭。

宝珠湖和风篁清听

在玉泉山北峰东麓山根的碎石中，有两眼清泉流出，但由于沙石堵塞，水少流细。修建静明园时经过挖掘清理，疏剔导流，两泉变得喷射飞涌，如玉如珠，在山前形成了一座清彻的小湖。两股清泉被弘历命名为宝珠泉和涌玉泉，小湖称作宝珠湖。

宝珠湖西岸，修建了一座船舫形的临溪精舍，名书画舫。弘历记述为："为室湖涯上，肖舫如泛宅"，"泉上筑朴室，规模一如船"，"北山落脚即东湖，水裔房如舣舳舻"。书画舫西南建有含经堂。

宝珠湖水南流，与试墨泉水汇合，形成了一座比东湖还要宽阔的镜影湖。二湖中间修建了一座园中之园，这里便是静明园十六景之一的"风篁清听"一景。园西是青翠的高山，北部和东部沿河湖堆起一道曲折逶迤的土岗。宫门建在镜影湖北岸，迎门是一个水池。进门向东折北再往西是长长的游廊。游廊东南角建一座四方亭和两间的"绕屋双清"。园北的正房为风篁清听楼，两层五楹，楼前有宽阔的月台。楼东侧为如如室，楼西为近青阁楼和撷翠楼。

在庭院内的河湖水畔，土山四方、游廊两侧以及院内空地，种植着一片片竹林，清风阵阵，竹动韵清，令人"萧然有渭滨淇澳之想"。

乾隆十九年（1754年），又在风篁清听楼南滨湖地带，添建了一座创得斋，五楹，前廊后厦。北有游廊分别与正楼和撷翠楼连通，东北曲折万字穿廊可达宫门。创得斋建成后，成为弘历在东北麓莅临最多的景点。不但作为攀登北峰的起点,还是传膳视事之所。《题创得斋》诗载:"北峰欲陟兹初路,小憩仍勤庶政谀。"诗注说:"将陟山阴,仍先于此传膳视事。"至于为什么取名创得斋,弘历说:"甲戌以此间临溪构斋,如获意外,遂以创得名之。"这是一次新的意外的开拓。到乾隆五十八年(1793年),弘历再临此斋,他又将斋名与开拓疆土、与"十全武功"联系起来,说:"斋成于甲戌年,彼时以创得颜额,亦未料后日有拓土开疆之事也。"把题额视为佳兆。《创得斋纪事》写道:"题名本无心,孰知佳兆示。准部及回疆,金川台湾地。缅甸与安南,归顺前后至。即今廓尔喀,叩贡加恩暨。凡此胥创得,十全近著记……"

镜影湖和镜影涵虚

镜影湖南北长22米,东西最宽处9米。湖西岸有试墨泉水流注湖内。泉边建一座重檐方胜亭,其旁有临湖水榭弄珠室。往北有曲折游廊通往松饰岩和"镜影涵虚"。镜影涵虚殿倚山面湖,是这座建筑群的中心。大殿三楹,有一间后抱厦。出抱厦可入绿荫丛中一座不大的山洞,凉风习习,清爽可人。湖东北部建有一座五楹敞厅延绿厅。湖南岸不远有写琴廊,其旁为分鉴曲,其西有观音阁,额题"坚固林"。再往南即是东如意门。

镜影涵虚是静明园十六景之一。这组建筑不在湖中就在水边,命名设景全与水字关联。写琴廊名为写琴,实为写水写泉,这有弘历《写琴廊》诗为证:"曲折回廊致有情,槛依泻玉静中鸣","北峰前度未经游,缦转斜廊进步由。忽讶何人弹绿绮,俯看始悟写琴流。"

分鉴曲是山东麓湖水分为高下两股流水的地方，高水和低水各有通道，又各有用途。弘历在《分鉴曲题句》诗中写道："玉泉山左亦有泉，却与玉泉各分泻。其泉大小亦不一，汇为平湖东注也。东注出墙汇玉河，墙内本自分高下。高者三闸以出之，分灌高田颇弗寡。下者别就五闸出，灌低未可搏跃假。分鉴之曲所以名，渠宁饮潄资吟把。"园外的稻田有北边高田、南边低田之分。分鉴曲的水由迤北三孔闸东泻者为高水，用以灌溉高田。由迤南五孔闸东泻者为低水，流入玉河，归昆明湖，只可灌溉低田。但是乾隆五十年春天，分鉴曲迤北湖底冲出一个洞穴，湖水盘旋下注，漏下去的水都从五孔闸流走了，以致迤北水量不足。恐怕将来湖水不能蓄高，则北边高处的稻田难以灌溉，弘历便传谕将湖底漏洞壅筑堵死了。看来，弘历不仅将玉泉水作为造园的资源，看作观赏的对象，他还非常重视水的灌溉功能和农业效益，不忘用水治水，兴修水利。这是应当肯定的。

涵漪湖和涵漪斋

涵漪斋位于静明园的西北部，南面是涵漪湖，三间宫门建在涵漪湖的北岸，门前是御船码头。前院正中是面阔九楹、前廊后厦的涵漪斋。东西配殿各三间，庭院四周都用游廊连接，西边为九间叠落游廊，南低北高，北端连接三间高台楼——飞淙阁。后院正中为七楹练影堂，堂东西侧建顺山房各三楹。顺院南游廊东行，可到达院东的一座五楹殿堂挂瀑檐。从香山引来的泉水，进入西园墙后，在飞淙阁前如瀑布一般跌落下来，又沿园墙北流，绕过重檐四方亭东折，在东山坡下汇入水池，再从石峡泻入涵漪湖中。湖中北部有一座歇山敞厅含峭居，敞厅西南在水中架设起红漆栏杆的万字游廊通向岸边的方亭，亭西即是挂瀑檐。

高水湖、养水湖和影湖楼、界湖楼

在乾隆十五年（1750年）挖深拓展昆明湖之后，为了更好地调节水量，利于蓄水灌田，又在玉泉山和昆明湖之间开挖了高水湖和养水湖。此二湖可说是昆明湖这座大水库的补充和配套工程，是它的附属水库。高水湖是在乾隆二十四年（1759年）修成的，湖中央修建一座影湖楼，使这座配套水库也变成游乐的场所，成为静明园的一部分。弘历去影湖楼必定要乘船出水城关方能到达。高水湖有四个出水口，分别流入玉河、金河和东南的养水湖，另一出水口是灌溉稻田。养水湖北口建一座界湖楼。楼旁玉河石桥上建两座石牌坊。

寺庙和宝塔

静明园著名的宗教建筑很多，其中主要的有：

香岩寺和定光塔、玉峰塔影

香岩寺是建在玉泉山顶峰的一座寺庙，庙门南向。寺后为妙高台。在香岩寺正中高高耸起一座七层宝塔，名定光塔，也称舍利塔、玉峰塔。这里便是静明园十六景之一的"玉峰塔影"。

玉峰塔是仿照镇江金山妙高峰江天寺慈寿塔修建的，建于乾隆二十四年（1759年）。八面密檐式塔身共有七层，塔高约30米，底径近12米。塔身中部为石质塔心，外层为青砖垒砌。每层都

定光塔

有围绕塔心的空间，八面外层都有拱券式镂花漏窗，可以瞭望八方。每层之间设置有砖雕仿木式斗拱，以承托塔檐。塔檐是用砖仿木质结构雕刻组装而成。每个檐角悬有铜铃。塔身染成杏黄色，淡雅而亮丽。塔内旋转式条石阶梯，可以层层上攀，共150余蹬可登上宝塔最高层。

玉峰塔的塔顶上，有八条垂脊，垂脊交会的中央，耸立起葫芦形铜塔刹，顶尖为一金色宝珠。

弘历在乾隆十八年（1753年）《题静明园十六景》组诗中，有一首《玉峰塔影》。诗有小序："浮图九层，仿金山妙高峰为之。高踞重峦，影入虚牖。"诗如下：

窣堵最高处，岧岧霄汉间。
天风摩鹳鹤，浩劫镇瀛寰。

结缆八窗达，登临一晌闲。

俯凭云海幻，揭尔忆金山。

弘历在建塔第二年，写了一首《登玉峰塔》诗："八面透玲，明标内外空。意为身口本，法离有无中。是日闲成陟，三春景不穷。问予喜何在，阿那麦芃芃。"站在玉峰塔最高层，天风劲吹，掀人衣袂，云雾在耳畔浮游，恍若人在仙境中。举目远眺，可望见绿树葱茏中的北海白塔；闪亮的昆明湖如在足下；西望香山，碧云寺的金刚宝座塔在黄栌叶中闪现；北边金山丛岭中的景泰陵依稀可见。三春美景是多么让人心旷神怡。但是最令人内心喜悦的竟然还是那绿叶芃芃的麦苗。

玉峰塔旧照

玉峰塔以它优越的地势和精美的造型，成为静明园的标志性建筑，同时它还成为清漪园等数座御苑最合适最巧妙的"借景"。站在昆明湖东堤西望，眼前是平静如镜的湖水，水尽头是桃红柳绿的西堤和亭亭玉立的桥亭。水面上则是以淡紫色的西山群峰和蓝天为背景，矗立在翠绿的玉泉山顶那座玉峰塔的倒影。再远望那真实的稳重挺拔的七层宝塔，正如弘历在诗中所描绘的："峰头窣堵知何似？削玉为簪插玉蓉。"

玉峰塔影在京西园林群的数不尽的旖旎景色中，占尽风流，享誉千古。

妙高寺和妙高塔

玉泉山北峰也称北高峰，乾隆三十六年（1771年）在峰顶建起一座佛寺，因为是仿照无锡金山妙高峰之制修建的，所以命名为妙高寺。寺前建一座汉白玉石牌坊，额题为乾隆御笔"灵鹫支峰"。正殿内额为"江天如是"，殿内供三世佛。殿后庭院宽阔，周围有回廊环绕。后殿三楹，为该妙斋。

妙高寺庭院正中，修建了一座缅甸式金刚宝座佛塔，名妙高塔。

妙高塔不是一座普通的寺中佛塔，

清末被毁坏的妙高塔

它是为了纪念平定缅甸战争的胜利而修建的纪念性建筑物。妙高塔的建筑非常别致。塔的底部是高约二米的方形砖石基座，座四面辟四孔券门，在座内形成十字贯通的券顶。基座上的台面四周均有砖雕护栏，台面上建有五座缅式佛塔。中间的主塔，塔座呈八角形，四正方向辟四个券门，门上有短檐遮护。塔座上八面也都有护栏。塔座中间就是圆球形的覆钵和层层缩小的八层相轮和铜质镀金塔刹。四座小塔，为圆柱形单层亭阁式塔。塔身顶部是一圆形罩顶，顶的中央部分立有十三层相轮，呈圆锥形，相轮之上安有铜质镀金的圆锥形塔刹。这五座塔的顶部均为圆锥形，细长而上尖，形如铁锥，被人们称为"锥子塔"。北高峰的妙高塔与主峰的定光塔，分别矗立在京西的高空，南北遥相呼应，相映成趣。在北高峰与妙高寺同时建成的还有石衖亭、小飞来以及楞枷洞等景点。

华藏海禅寺、华藏海塔和绣壁诗态

登上玉泉山西南侧岭之顶峰，有一座围墙圈起的院落，南部为华藏海禅寺，只有三间庙堂。院落北部有一座七级八面汉白玉石塔。建塔不用一砖一木，全用青白石砌成，这就是"华藏海塔"。塔高十二米，径长五米。石塔矗立在一个八角形的汉白玉石平台上。平台上用高浮雕的形式雕刻有海浪，海浪中翻腾着龙和海狮、海马等海兽。平台上面是八角形塔基，塔基每面雕刻着展翅飞翔的凤凰和缠枝西番莲。在塔基上面是一层须弥座，须弥座束腰的八方石板上，雕刻着八幅佛教故事图案，内容是佛祖释伽牟尼《八相成道图》。画面中释伽牟尼及弟子、摩耶夫人、侍女、魔王等人物和动物形象，造型生动，精细真实。须弥座每个束腰的角上，都雕刻着一尊护塔力士像，威武而雄壮。在塔台上置有三层仰莲花瓣，中间一层每个花瓣上都雕有一尊手持兵器或乐器的力士像。莲花瓣上面是八角形塔身。塔身的南西北东四方，分别雕刻有释伽牟尼、文殊菩萨、观音菩萨和普贤菩萨的佛像。塔身的其他四面，各雕刻着一尊手持金刚杵的护法神像。塔身之上是七层汉白玉石雕檐，檐角下都悬挂着铜铃。七层密檐之上是一座覆钵形塔刹。华藏海塔虽不比定光塔高大，但颇为精美壮观，是一件"无材不石、无石不雕、无雕不奇"的巨大的石雕艺术精品。

在华藏海禅寺和华藏海塔之间，庭院正中为绣壁诗态殿。殿堂三楹，前廊后厦，各面宽一丈，进深一丈八尺。殿后石崖巉峭壁立，取杜老"绝壁过云开锦绣"句意，名之曰"绣"，取名"绣壁诗态"。弘历有"绝壁幻云烟，时开锦绣然"的诗句。绣壁诗态为静明园十六景之一。

圣缘寺和琉璃塔

圣缘寺是一座佛寺，位于玉泉山西麓、西宫门内仁育宫的南侧。庙门前为西园墙内南流的河桶。圣缘寺坐东面西。第一进院正殿为能仁殿，第二进院为慈云殿，第三进院称塔院。有一座高高耸立的琉璃塔，是一座楼阁式和密檐式相结合的五彩琉璃砖塔。塔身呈八角形，塔高16米。塔的底座为汉白玉须弥座。塔身七层，分为三组，第一组二层、第二组二层，均为重檐，第三组三层，为三重檐。每一组的西北东南四个正面，各开辟一个拱券式佛龛，供奉一尊佛像。在佛龛周围和其他四个斜面上，镶嵌着一排排用琉璃砖制成的小佛龛，龛内供一尊绿底金黄色佛像。全塔共有大佛像十二尊，小佛像636尊，总共648尊。塔身上部置有琉璃仿木式斗拱，承托着塔檐。各层塔檐的颜色不同，第一、第七层为

圣缘寺琉璃塔旧照

金黄色，第二层为绿色，第三层为紫色，第四、第六层为青色，第五层为蓝色。每个檐角都悬有一只铜铃。塔刹由四周挂一圈铜铃的宝盖、铜铃形的刹身和铜刹顶组成，通体黄铜镀金，金光耀眼。

云外钟声和华严寺

从玉泉山南麓的"函云"城关东北行，攀过一段山路，就来到"云外钟声"。建在最底层的妙香室三楹，东侧有门罩，走进院内，东西配殿各三楹。正北山上是资生洞及其抱厦。由资生洞右侧登上数十级台阶，即到达"云外钟声"殿，佛殿三楹，额题为"香云法雨"。因为殿据山巅，能听到西山梵刹传来的钟声，梵钟远近相应，这一景观被命名为"云外钟声"，为静明园十六景之一。

东岳庙和玉宸宝殿

东岳庙又称天齐庙，位于玉泉山西麓，是静明园占地最多、殿堂既多又宏伟的大型道观，俗称西大庙。建成于乾隆二十一年（1756年）。庙前由正面和南北两侧共三座牌楼，圈成了一个宽阔的庙前广场。一进院正殿为仁育宫，大殿前建有宽敞的月台，左右各立石碑一通，左勒御制《玉泉山东岳庙碑文》，右勒御制《仁育宫颂言》。第三进院正殿为玉宸宝殿。这是一座不用木料，全为砖石结构的无梁殿，在白石基座上用黄绿两色琉璃砖瓦建成，色彩艳丽，气势宏伟。它与南邻圣缘寺山上的琉璃塔，南北呼应，相映成辉。玉宸宝殿白石券门内，汉白玉石须弥座上，供奉昊天至尊玉皇大天尊玄穹高上帝像。从琉璃殿前月台两侧的角门，进入第四进院，已是玉泉山的山腰，正殿为九楹的泰钧楼，上下两层，左右为景灵殿和卫真殿，也是楼房。南北两厢各建五间两层楼和一间耳楼。

这座宏伟壮丽的大型道观的修建,体现了乾隆帝"三教合一"的思想。

清凉禅窟

这是与东岳庙北墙紧邻的一座小型的封闭寺庙园林。据样式雷《静明园内清凉禅窟地盘图》显示,它的正门在南墙的中部,是坐北面南的建筑格局。从西南角门进园后,顺着东岳庙北墙外上山,即可到达正门。进门后是一座由游廊围绕的庭院。正北五楹殿堂为嘉荫堂,殿内供奉观音大士木雕像,是仿制杭州天竺寺佛像。后抱厦三间,有曲尺形的爬山游廊,连接东北方向建在山上的霞起楼和西北方向的犁云亭。这两座建筑一高一低,可以在云步山石中渡过中央的仙人桥,互通往来。在仙人桥正北方上下两侧,建有圆亭和仙人台。

在前院,攀游廊东行上山,可以到达挹清芬和静缘书屋。

这座清凉禅窟很像一座名山古刹。弘历在诗作中,把它与东晋时白莲社名士们在庐山的结庐营社相比拟,又把山中的环境比作五台山的中心台怀镇。

宗教山洞

华严寺旁的华严洞、罗汉洞、水月洞、伏魔洞

《日下旧闻考》记载:"由心远阁折而西北为罗汉洞,又上为水月洞,又西山麓为古华严寺,寺后为云外钟声,东为伏魔洞。"

华严洞,即上华严洞,位于华严寺的东上坡。洞深三丈,宽二丈,高丈余。洞内正中有精美的汉白玉石佛龛,供奉石观音一尊,龛柱刻有乾隆御书楹联:"会蔚适于幽处合;蛤岈每与座中深。"石龛横楣刻有乾隆二十五年(1760年)的题诗:"北洞侄侄内外虚,漫从相好识真如。嵌岩古佛无央数,一芥子中纳有余。"石洞四壁及洞顶,均就山石雕刻佛像,体量大约在一尺上下,坐卧立倚,各尽其妙。每座佛像旁都镌刻有佛名,共约有上千尊佛像,所以又称作"千佛洞"。洞口摩崖石刻为弘历在乾隆五年(1740年)所题《华严洞勒壁》一诗:"别院驻銮舆,瞻礼招提境。清晓趁风凉,扪萝登绝顶。嵌石老松苍,滴乳寒湫净。初上若无路,渐入多佳景。豁然云木开,古寺横山岭。石龛月相间,檐铃风声静。朱栏俯帝畿,烟火富闾井。旋憩华严洞,飒然衣袂冷。深窥潜窦黑,微听幽泉洞。何须一指参,自觉万虑屏。"

罗汉洞即明代下华严寺的华严洞,原称七真洞。与上华严洞上下相直,洞前的殿址即是"碧云深处"。洞外的摩崖石额镌刻"华严洞"三字,为明英宗朱祁镇御题。石洞的里口内外各有一幅额联,都是乾隆御题。外额为"瓶水云天",对联为"香龛俯瞰千层树,古像重开一面山"。洞内额联为"罗汉洞,天光云影俱诗料,鸟语花香长道芽。"洞口有两尊石雕金刚像,瞳仁凸出眼眶,獠牙长在口外,面部筋骨隆起,各执一柄石杵,像貌极其狰狞,镂刻得极尽其神,令人望而生畏。原来这就是佛教的护法神哼哈二将。山洞内有一座石龛,供奉三世佛。龛额内外八面,外面四额为:是无尽藏,水流花开,孤云片石,得未曾有;内面四额为:如是功德，降智圆妙，体自空寂，不以是求。石龛两侧为罗汉雕像。

佛洞尽处石壁上，嵌有几块石板，镌刻有几首乾隆御制诗。一首是乾隆十六年（1751年）初夏写的《罗汉洞》诗："吹窍送劲寒，凝珠滴湿润。牝虚既生白，砥平仍俯峻。錾岩栖变相，龙象纷腾还。逐景一清游，底愿嗤灵运。"另有一首乾隆十八年初夏写的《题玉泉山罗汉洞》："烟霞蔚峰腰，松篁匝洞口。如如应真辈，洞里乾坤守。常教月印心，不碍树生肘。每来寻故迹，是岂非昔有。点缀一新之，将毋著相否。"

在这座佛洞的尽头石壁上，还镌刻着元代耶律楚材《鹧鸪天》词和明代夏言的和词。耶律词写道："花界倾颓事已迁，浩歌遥望已茫然。江山王气空千劫，桃李春风又一年。横翠幛，架寒烟，野花平碧怨啼鹃。不知何限人间梦。并触沉思到酒边。"这阕词收入楚材所著《湛然居士集》中。夏言和词为："人事沧桑有变迁，灵岩玉洞自岿然。朝衣几共游山日，佛界仍存刻石年。嗟岁月，惜风烟，等闲花发又啼鹃。只将彩笔题僧壁，玉带长笛向日边。"和词收入所著《桂洲集》。

水月洞位于罗汉洞西上方的山路旁。洞前接构抱厦一间，有乾隆御题额联。门楣题额为"得大自在"，楹联为"春到百花间国是众香开意蕊；月明诸岭外界归普照朗心灯"。山洞内额题为"水月洞"。洞壁嵌巨型石匾一方，镌刻弘历仿赵孟頫书《般若波罗蜜多心经》，末署"乾隆癸酉（按即十八年）暮春御笔"。《多心经》旁镌刻有癸酉年乾隆御笔之《玉河泛舟至玉泉作》一诗："渚宫通一水，泛览乘余闲。两岸耕织图，民务取次看。新蚕已分箔，初秋绿叶攒。林翠藏鸟声,喁噍复间关。半月未命游,景光顿改观。浩劫浴佛日,视此一指弹。"山洞尽处有一座石龛,雕栏内莲座上有一座石观音雕像。

伏魔洞位于水月洞的西上坡,洞口接构抱厦一间。山洞很小,洞口镌刻着"伏魔洞"三字行书,下款镌刻一枚方形篆字图章,是"乾隆宸翰"四字。洞内供奉着一座一尺多高的关公石雕像,刻工极为精致。元明两代都曾封关公为"伏魔大帝",故名"伏魔洞"。

玉泉附近的观音洞、地藏洞、吕祖洞

观音洞据《日下旧闻考》载:"龙王庙之南,循石径而入,为竹炉山房,南为开锦斋,后为观音洞。"又载:"观音洞之南为真武庙,后为吕祖洞,旁为双关帝庙。"

观音洞深和宽均为两丈。洞左摩崖乾隆御书《波罗蜜多心经》,和乾隆癸酉夏御书《观音洞》诗:"何处飞来此落伽?默然不更转三车。设云义谛无余转,者个非忘见转差。"洞右石壁间镂刻一座观音像,额题"观自在菩萨",左右楹联为"月上层峰开髻华;泉回曲涧演潮音"。石像的左上角刻两行小字题词为"念彼观音力能救世间苦"。观音石像旁镌刻"乾隆辛酉(六年)夏五御题"的《玉泉山题观音洞》诗:"象胁林园遍大千,偶然跌坐在山巅。壶中弱水三千尺,若个能撑无底船?"原诗集第三句下有注:"洞中石穴深杳,欲穷其境者,皆为水而阻。"原来洞中有一孔石穴,窈深不能见底,投以石块,发出"咚咚"水声。故而弘历才发出"无底船"的感喟。洞壁还刻有"丁卯初夏御题"的《自香山回跸圆明园过玉泉山小憩》诗二首,原诗为四首,此处刻其二和其四:"秀木嘉阴小立迟,瓯香砚净镇相随。子西诗句闲中领,正是日长山静时。""薜萝烟里陟丹梯,原隰平临绿意齐。咫尺林泉得佳趣,好山何必论高低。"石洞内还有一座英德石雕刻的观音像,端坐在石桌莲座上。

观音洞南侧有一座真武庙,殿门向东,上履黑瓦,额题"辰居资佑"。庙内供奉真武大帝,赤足披发,身着金甲,手挚七星剑。殿前有一座石牌坊,两面额题分别为"水德司权""元极神霄"。左右两殿都供奉关帝:左殿内有两块檐额,为"文经武纬""大丈夫"。

地藏洞或称土地洞,位于观音洞的南紧邻。洞穴很浅,供奉地藏菩萨。洞口石壁镌刻"光明洞"三字。吕祖洞,又名吕公洞,位于真武庙左侧稍后。传说八仙之一的吕纯阳(洞宾)在人间传道,曾经在此洞居住过,故名。洞口摩崖石刻乾隆御题"鸾鹤悠然"。洞内石龛塑吕纯阳像,壁间嵌三方石匾,一方刻"吕祖洞"三个大字,另外两方刻乾隆御制诗,一首是乾隆十九年(1754年)撰《吕祖洞》:"红尘称进士,紫府驻仙真。示异常留迹,征灵每济人。烟霞九天近,艺术四时新。奠简星飞昴,依稀谒玉宸。"另一首是乾隆二十年写的《吕祖洞》诗:"墨胎古洞阅时年,应祷修诚致意虔。云鹤仙仪为重整,只求岁美不求仙。"为什么写这首诗?因为近来祈祷雨雪屡应,便将吕祖洞重新修饰一番。修整山洞为了盼望年成好、收成好,并不是为了祈求吕仙保佑。神仙是虚妄的,只有丰歉才是现实的,是关乎"重农兴稼"的治国方略的大问题。

北峰山腰楞伽洞和安养道场

楞伽洞位于北峰妙高寺下方东南山腰间，洞口向东。洞外左边峭壁上，雕刻八部神像十余尊，有颈项垂挂骷髅者，有三头六臂、四头六臂者，有手擎钟铃剑杵及日月火焰轮者，各尽奇异之状。山石上刻有"小飞来"三字。旁边刻有弘历关于楞伽洞和小飞来的御笔题诗。弘历于乾隆三十六年（1771年）五月头一次攀游北峰，写下了妙高寺等北峰景观的诗。《楞伽洞》诗写道："楞伽本是竺国山，何代不翼飞来止。依然诸佛坐峰巅，世间刻镂那办此。玲珑牝洞窈以深，调御演经付大慧。达摩云此可印心，那跋陀罗所译是。又如灵鹫识梵僧，是一是二非此彼。时方法雨霈滂沱，四方犹自大云起。帝释恭敬天龙喜，下视稻田足新水，利物诚无过斯矣。"《小飞来》诗写道："灵鹫本自天竺来，碧眼胡僧识非诳。诸峰罗坐海会佛。一一皆具好与相。玉泉北峰兹初登，亦见薄伽跏趺状。或是飞来分小支，得未曾有喜无量。慧云法雨既磅礴，忍草禅枝相背向。绿塍千顷胜西湖，此是人天真供养。何小何大何同殊，而我繁言益无当。"乾隆三十六年（1771年）五月御制《楞伽洞口号》诗为："嵌石一洞拟楞伽，四卷经文义若何？谩道空空徒四壁，可知佛法本无多。"楞伽洞岭岈幽深，即使盛夏也感觉寒浸肌肤。迎面崖壁雕镂跏趺佛像三尊，侧壁又镌刻乾隆御制诗数首。北折至山洞尽头，也雕有古佛三尊，两侧有四位侍者。由此折返南行即到山洞南口。洞口外崖壁间镂刻有观音、天王等佛像。登山北上，便是妙高寺了。

南无西方极乐世界安养道场位于妙高寺西侧山腰间，随山凿石，雕刻石佛三尊，跏趺坐，顶覆华盖，身垂璎珞，面相极为庄严。佛像上端刻字"南无西方极乐世界安养道场"。佛旁侍者为托塔天王和韦驮菩萨。稍东巨大石龛内刻弥勒佛像，作入定之状。石龛之左右上下，刻有六位童子，一位作掏佛耳之状，一位作惧佛察觉而惊走之状。佛右方一位童子手执木鱼欲击佛身以使其警醒之状。右下方一位童子执椎作向佛欲击之状。正下方两位童子，一位手执牟尼在前，回首作走开之状；一位在后边拽住前童衣带作挽留之状。弥勒佛与童子的生动画面，充满生活气息，引人揣摩思考，忍俊不禁。石龛左侧镂刻四大天王像。龛后石窟，刻有几尊跏趺古佛。石窟四周，依据山石的大小，在悬崖峭壁间雕刻了三十余尊佛像，形象生动，各具特色。

其他重要的景观和景点

圣因综绘。静明园十六景之一，位于玉湖的西南岸边，廓然大公西北方的玉泉山南麓。此景为弘历于乾隆十七年（1752年）仿杭州圣因寺行宫建成。乾隆十六年弘历南巡，在西湖岸边孤山下，看见康熙帝西湖行宫，此行宫建于圣因寺西，胤禛于雍正五年（1727年）为寺题额，西湖行宫遂更名圣因寺行宫。弘历因喜爱此行宫之建筑规制，便绘图携回京城，在静明园仿建。这便是圣因综绘阁。二十年后，阁旁的松柏都长成大树，门窗的油漆也出现干裂剥落，弘历便命人油饰一新。他在《圣因综绘阁》诗中记载了建阁和重饰的经过："湖上行宫傍圣因，个间肖筑逼如真。廿年松柏渐成古，昨岁丹青重饰新。水态峰容学明圣，花光树色沐精神。绘来亦只综其要，那识吾心念在民。"

采香云径。静明园十六景之一,位于清凉禅窟东北方、玉峰塔西北方山腰。这一带建筑较少,清凉僻静,松柏丛竹苍翠,兰花山花满径,纵使鸟鸣不时传来,仍然是个幽静的所在。据样式雷《玉泉山静明园内采香云径图样》,院西随山势建有一道宇墙,北部向西弯曲,南部向东弯成半圆形。宇墙外四方亭周围垒砌起一道长长的虎皮石泊岸。院门南向,进门后便是坐东朝西的采香云径殿,殿堂三间,前出一间抱厦,面宽一丈,进深一丈四尺,四周围廊均深四尺,柱高一丈,台高一尺二寸。殿北建顺山房二间。殿南在院墙的东端、紧靠东边的石壁,修建了两间高台房,是为静怡书屋。弘历有《静怡书屋口号》诗:"翼然书屋山顶据,小憩笋舆肩者劳。片刻去来静安在?输他虚白此恒陶。"

崇霭轩。乾隆三十四年(1769年)在南北两峰之间山坳的西侧,修建了一处建筑群。前后二进院落。前院正房为崇霭轩,东房为含醇室,后院正房为咏素堂。关于崇霭轩坐落的位置,弘历诗中多次指明:"东升就西降,山腹辟书轩","文轩构山坳","山阴更有委宛处,遂过北冈复降卑。书室几间藏窈窱,晓春一晌览幽奇"。此轩虽不在峰顶,却也是山上高处,经常有云霭在轩窗间流动,甚至可用"手扪","流霭垒檐楹,真教手可扪","一缕欲出楹,揽之不获手"。文轩位崇,手可扪霭,这就是此轩命名的来由。

对于咏素堂的名称,弘历也有自相矛盾之处。咏素之名自然由皇上确定。后来对此产生怀疑,但还是肯定"素"是可"咏"的,不过是"难咏"罢了。他写道:"绘既可云后,素何不可咏?

独是素无形,兼且无色靓","子云绘事后乎素,绘易咏而素咏难"。后来他又变了卦,说咏素是"伪言":"花色都因过雨净,松声不碍拂风翻。既云素矣如何咏?自信拈毫是伪言。"把自己取的轩名称为"伪言",皇上自己说当然无碍,若是出自臣子或百姓之口,那肯定是欺君之罪,要杀头的。

倚晴楼。位于崇霭轩西边的一处山间平台。弘历在《倚晴楼》诗中说:"山外片刻游,例由山南返。一岭不甚高,落西走蜿蜒。过是复就平,山楼倚翠懒。倚晴旧所名,时旸光入宛。"此楼取名"倚晴",自然含有"喜晴"之意。对于"晴"的看法,有时是喜,有时变忧,有时又说晴雨皆宜,最后变成了"厌晴"。情绪转变的根据是什么?他在诗中写得非常清楚。起始的看法是晴喜晴亦忧。弘历写道:"来此虽已频,忧喜亦屡变。旱时忧晴酷,霖际喜晴善。斯番忧未久,兹来喜则亶。"忧与喜转变的根据何在?回答是:"山楼拾级倚晴空,每度登临意不同。旱畏晴霖喜晴好,所同仍只在农功。"判断喜晴畏晴的标准:是否有利于农业收成。正因为如此,就有了晴雨皆宜说。乾隆五十九年(1794年)的《倚晴楼》诗写道:"今春实得幸,地润腊雪积。晴弗晴均宜,拾级诚畅意。"因为"今春以昨岁秋冬雨雪优足,土脉方润,晴雨皆宜。来此洵为畅意。"嘉庆元年(1796年)是个干旱的年头,他竟觉得倚晴之楼名让人讨嫌、讨厌,以致因反感而不再登楼了。他在《倚晴楼自哂》诗中写道:"舟泛木兰趁归暇。楼名因厌不登过。"还解释说:"楼额倚晴,原寓喜晴之意。兹当久霁望霖,未免睹楼名而生厌,因过而弗登。"此后,弘历再也没登上倚晴楼,甚至再也没有去静明园游览,因为他89岁高龄,半年后即去世了。这首诗成为他写静宜园的最后一首诗。

乾隆帝游赏静明园

乾隆帝到静明园来"散志澄怀",具体都做些什么?

一是游山赏景。弘历称静明园为"帝京佳胜",那里的风光"三绝"——泉水、宝塔、山洞,强烈地吸引着他,那里的山色水光堪称胜景。他在诗中写道:"最是玉泉胜常处。波光峰态两兼奇","玉泉殊胜其他处,翠濯山光浸水光"。他曾写了很多首诗赞美玉泉风景。玉泉的一草一木一山一石都是他观赏的对象,比如一株垂柳也颇饶兴味。他有一首《玉泉柳》:"玉泉一株柳,临水弄晴丝。游鱼惊避去,疑是钓竿垂。"把鱼拟人化了,写得何等生动形象,字里行间透着对垂柳、对玉泉景观以及对生活的热爱。

二是问农观稼。乾隆很重视农业发展,经常通过各种渠道了解农业情况,加强农业生产。不仅在静明园西南部稻田旁设置了"溪田课耕"一景,还在赴园途中观察玉河两岸的水稻生长情况,也常在玉泉山上眺望园外的庄稼长势。他在《首夏玉泉山》诗中写道:"雨余一览玉山容,实欲因之历阅农。麦吐穗含风气爽,稻舒秧泛露华浓。"他甚至还抓机会与老农对话,"疏泉灌稻畦,每辄与田翁课晴量雨"。他在《雪中泛舟至玉泉》诗中,有"慰

玉泉山下的稻田（旧照）

听老农言"的诗句，句下有注："麦方长而遇雪则易伤。老农云：今麦始纽芽，于雪为宜。"老农的话使他倍感欣慰。

三是求雨求晴。乾隆帝每年干旱时要到龙王庙去求雨。在西郊经常求雨的地方有四处，即黑龙潭龙王庙、觉生寺、清漪园广润祠和玉泉山龙神祠。他到玉泉山龙神祠去过无数次，只求雨、谢雨、求雪、求晴的诗，即写过18首。嘉庆元年（1796年），弘历已传位于颙琰，当了太上皇，但还有求雨、谢祠等一系列活动。二月初七日，弘历到玉泉山祈雪，写了一首《龙神祠祈雪》诗，他认为"北方二月之雪即甘雨也"。诗如下："明知地发润，仍吁泽资农。暖雨寒雪可，祈神布惠恭。来非畅游目，咏亦鲜欣胸。"果然二月初八降雪了，又写《夜雪》诗："傍晚同云布，入宵春雪霏……晓晴京兆报，二寸渥郊畿。"二月十七日又降春雨，便又写一首《喜雨》，说："花朝前雪已称酣，何幸春霖复逮三。"

诗注说："今岁正月初旬及昨初八、初十及十四连次得雪盈尺。已极酣足。""兹甫逾三日又获甘膏。深透不可寸计，在北地实为仅见。"便又到玉泉山谢雨，写了《再至玉泉山得句》："玉泉再至非无事，感谢灵祠惠赐稠。"而静明园内外的山峰和田地更是令人高兴：由于十四日雨中兼雪，而且下了六寸余，玉泉山西坡树木较稀的地方补栽的松树，趁势发润滋长，葱翠可观；园墙外田地中的麦苗已经返青，显得柔润而苍劲。这是一个丰收年景的兆头啊！弘历在年节刚过的初春，连写了九首关于雨雪的诗，此时他已经做了太上皇，仍然惦记着天气的阴晴雨雪，盼望着农业的丰收。

四是奉母游览。弘历对母亲非常孝顺，经常奉母游览西郊各座御苑，也常奉母乘辇游览静明园，曾写过四首奉母游玉泉的诗。乾隆五年（1740年）写了《夏日奉皇太后幸静明园》诗："雨后园林景物闲，六龙时幸奉慈颜。花迎步辇饶生意，峰入窗棂濯宿鬟。隔院疏钟偏得得，会心好鸟亦关关。亲承色笑忘烦暑，多少欢欣柳外还。"

五是寻凉避暑。静明园地处西郊，山高泉凉，树密人稀，是京郊最好的避暑胜地。弘历在诗中屡屡予以肯定："山深九夏似新秋"，"嵌崖云雾上，朱夏同深秋"，"山中树古不妨苍，阁里夏深还觉凉"。所以他在玉泉诗中多次表达是为避暑而来："宿具游山兴，同来避暑频。"他在《翠凉室》一诗中写道："翠微筑精舍，九夏如深秋。溽暑户外避，爽籁林端浮。"在这座岩斋中，"芸编雅宜展，筠扇权可收"。玉泉山确实是夏日避暑读书休闲的"最佳处"。

六是召见视事。静明园虽然不是专为问政修建,但有些政事不能贻误,也常在园中处理,所谓"游览不废政务"。园内的廓然大公、含晖堂、清音斋、创得斋、华滋馆等处,都是"视事之所"。弘历写有《清音斋》诗,始四句写道:"东向园门入,书斋近便临。瞻题惟永念,视事敢粗心。"他说,因为清音斋距东宫门很近,便常在此传膳视事。斋额为皇祖玄烨亲笔御书。抬头看到,更应谦谨勤政,不能粗心处事。

七是歇脚进餐。弘历经常从香山返回御园时,在静明园临时歇脚,或急于回圆明园理政,或抓紧时间去畅春园向母后请安,便急匆匆饮茶进餐后离开玉泉山。如《香山回跸过玉泉山之作》诗写道:"香山五日小留连,清晓回銮过玉泉……渚轩暂憩批章奏,川路旋遵进舸船。为诣畅春问安豫,春光无暇赏吟篇。"又有一首静明园诗写道:"香山与御园,此地正居中。适可成小憩,无事行匆匆。"

八是撰文咏诗。弘历写静明园的文章,在《清高宗(乾隆)御制诗文全集》之御制文集中,收进三篇文章,即《玉泉山天下第一泉记》《玉泉山竹炉山房记》和《玉泉山东岳庙碑文》。弘历还有一些关于玉泉山的"上谕",立在玉泉畔关于修建龙神祠的上谕即是其中之一。乾隆帝游赏静明园,写下大量的诗作。总共写了1100余首。其中写全园景致或泛写景物的诗120首,写园中景点的诗800余首,写来园或离园途中园外景物的诗170余首。

弘历的玉泉山诗,是记载清代玉泉山最重要、最详尽的文献资料，不仅记录了建园经过、各景点修建的依据和命名的由来，还记载了不同年代、不同季节的不同景观。这些诗还记录了封建帝王的生活之一斑，反映了清代皇帝的重农兴稼、以农为本和重视宗教以及怀柔、团结少数民族的政策和治国方略，对研究清代社会的发展也是有用的资料。乾隆诗的艺术价值向来被评论家所贬抑，这当然是对的。在这些玉泉诗中，也有些写得质朴自然，通畅易懂，有些还写得声情并茂，意味隽永，有一定的艺术欣赏价值。总之，我们把弘历的玉泉诗当作历史来读，我们就会体验到它的重要价值。

乾隆以后的静明园

清仁宗颙琰沿袭了乃父乾隆常年居住在御园圆明园的先例，并且经常游赏三山行宫，而且是"游园不废政务"。颙琰到静明园休憩、进膳和理事的地点是华滋馆。游览静明园最直接的动机和目的，就是观稼验农和到玉泉龙王祠祈雨祈雪及谢祠。他能深刻地理解先帝以"重农兴稼"为基本国策，非常关心农业生产的发展，把年成丰歉作为头等大事。他也很熟悉和喜爱玉泉山下这块丰饶的土地。他在"德水甘芳湛绿池，嘉稻千畦通海甸"句下的诗注写道："玉泉之水汇而为湖，并疏为渠，灌溉稻田数百顷。每至夏初，插秧莳种，罫亩布列，弥望青葱，不异东南阡陌。晚秋刈获，则比栉崇墉，村村打谷。较他处每多丰穰。益泉甘土沃，故玉粒倍觉精腴。兹过青龙桥，凭览田家风景，弥深劭农之意耳。"颙琰每次从圆明园到静明园去，不是乘船，便是骑马。他多次写过："石衢策骑度青龙，山色湖光次第逢""石陌据吟鞍，朝岚挹飞翠""鸣鞭石陌度桥西，路近昆明转大堤"。他骑马扬鞭在无边稻田里行进，是何等的欢欣和惬意。他多次到玉泉龙王祠祈雨，其实他并不真的相信烧香跪拜会感动龙王恩赐甘霖，他曾写过："古所称麟凤来游，或亦即于附会，未尽可信。"他来祈雨，是一种政治姿态，继承先祖的旧制，也是一种心理惯式，践行现成习俗。祈雨宣示了皇帝对农业和农村的关注，表现了渴望喜雨的急切和赤诚。

嘉庆六年（1801年）六月，天气干旱。颙琰在十七日到玉泉龙王祠祈雨，希望"叩祈神佑施甘澍，洗甲滋禾庆有秋"。第二天，他又分命王大臣等分赴黑龙潭等几处龙王庙求雨。午时刚过，天空阴云密布，申刻一到即大雨滂沱，而且是通宵达旦。颙琰大呼"天心呼吸感通弥殷敬畏"，便到龙王祠谢雨。在玉湖边写成一首《敬诣静明园龙神庙谢雨仍用前韵》："应祷覃敷渥澍优，更欣朗霁宿云收。寸衷诚感天恩浩，尺泽深蒙神贶稠。田润可期百谷茂，君难总为兆民愁。"在风调雨顺的日子，颙琰写过一首《雨后静明园》，他通过玉泉山下景致的描写，衬托出愉悦的心境：

甘雨优露即畅晴，郊原清景马前迎。
南湖潋滟澄波叠，西岭青苍列岫横。
穄种香浮稻畦遍，溟濛烟勒柳汀平。
授时茂对物成若，静寄心源凛旦明。

清宣宗旻宁即位后，仍然照常游览静明园。有时是奉皇太后游园，有时是为赏景，有时是来祈雨。他在道光三年写了一首《初冬静明园即景》："冬晓鸣鞭拂面凉，静明山色总苍苍。祗余红叶峰头灿，剩有黄花砌下芳。松岸鸦群翻旭日，板桥人迹印严霜。清泠涧曲鸣寒籁，胜地风光引兴长。"在御园和玉泉山之间往还，旻宁喜欢乘船来往，玉河岸边的秀美风光也许可以消解他心中的烦恼。他有一首《自静明园放舟至清漪园即景成什》：

曲折长河四面风，闲云舒卷互西东。

垂杨两岸秋光好，香稻千畦穑事丰。

景物偶探摅藻思，雨旸时切廑渊衷。

扬帆不觉舟行速，接境各园一水通。

在第一次鸦片战争失败，清廷于道光二十二年（1842年）签订丧权辱国的《南京条约》，之后国势愈加衰弱，财政拮据。道光帝不得不大力倡导勤俭节约，压缩开支。静明园的官员和服役人员也大量削减。据《大清会典事例》记载：静明园"道光二十三年（1843年），裁撤员外郎一人，六品顶带苑丞一人，八品苑丞一人，委署苑副二人，笔帖式一人"。旻宁甚至一度停止了游赏三山行宫。

清文宗奕詝即位后，于咸丰二年驻跸圆明园，仍然照例游览三山。咸丰六年，他到静明园悠闲地观景品茶，写完《静明园即景》诗以后，又写了一首《玉泉山汲泉煮茗》："玉峰塔影印澄诗，第一泉真分外清。偶值几余瀹佳茗，半瓯讵止畅诗情。"直到咸丰十年（1860年）三月中旬，奕詝还在静明园游山玩水，但他已

清末民初的静明园

被内忧外患折腾得精疲力尽了。

咸丰十年八月二十二日（1860年10月6日）英法联军侵略者劫掠焚毁了圆明园。八月二十四日，英法联军五百余人，凶神恶煞般地又抢劫焚毁了玉泉山静明园。北京西郊以"三山五园"为中心的皇家园林集群，在侵略魔爪下变作一片焦土。时任主管圆明园大臣宝鋆在九月初三的奏折中写道："（八月）二十二日，夷人二百余名并土匪不计其数，闯入清漪园东宫门，将各殿陈设抢掠。大件多有伤损，小件尽行抢去，并本处印信一并遗失。二十四日，夷人陆续闯入静明园宫门，将各殿陈设抢掠，大件伤损，小件多经抢去。"步军统领瑞常的奏折写道："八月二十二日之后，该队日日前往海淀一带驻扎。自九月初五日夷人复以大队窜扰园庭，将圆明园、清漪园、静明园、静宜园等各处焚烧。"当时不仅圆明园的珍宝文物被劫掠一空，三山行宫陈列的珍品也全被掠走。据内务府记载，当时静宜园实存陈设42672件，清漪、静明二园陈设也有近九万件。英法联军犯下了军事侵略、屠杀无辜、毁坏人类文明成果的滔天罪行。

在光绪年间，由慈禧太后主持，在重建颐和园的过程中，曾经对静明园的残毁建筑进行过部分修建。重建的重点是园中最主要的几个著名景观：玉泉趵突、翠云嘉荫、云外钟声、峡雪琴音。不仅修复了若干重要的殿堂，如华滋馆、清音斋、含晖堂、龙王庙等，还修复了一些道路、堤岸、码头等，连船坞和龙舟也准备好了，当然是很小的一部分。但是，残破不堪的静明园在光绪二十六年（1900年）又遭到八国联军的破坏。慈禧太后想重游玉泉山的幻梦便彻底破灭了。

1911年的辛亥革命，推翻了清朝政府的封建统治，打破了千百年以皇帝为中心的封建等级制度，建立了资产阶级民主共和国。但是这是一次不彻底的民主革命，不仅在政治上对封建势力妥协，而且还保留了紫禁城内的封建小朝廷。末代皇帝溥仪于1912年宣布退位，在袁世凯等人的庇护下，紫禁城后半部的所谓"内廷"，仍由逊位皇帝占用；而且根据《清室优待条件》，颐和园、圆明园、静宜园、静明园、紫竹院、钓鱼台等皇家园林，仍然归清室所有，成为溥仪的私有财产。北洋军阀政府把颐和园作为逊清皇帝的永久居住之地。1924年5月，溥仪派他的老师英国人庄士敦管理颐和园、静明园事务。1926年清室派贝勒润祺管理颐和园，并成立了清室办事处经理颐和园事务所，兼管静明园。

1924年9月,冯玉祥发动北京政变,将逊帝溥仪驱逐出宫,成立故宫博物院。1928年,南京国民政府接管颐和园等皇家园林,移交给北平市政府。8月成立市政府管理颐和园事务所,统一管理颐和园和圆明园、静明园。这时,颐和园和静明园作为国家公园正式向公众开放。

玉泉山静明园由皇帝独享的皇家园囿,改变成广大公众自由游览的公园,但其遗址面貌仍然是颓垣断壁,处处废墟,被英法联军和八国联军焚掠的残迹历历在目。民国政府没有足够的经费进行适当的维修和妥善的保护,只靠售票收入和出租房屋余地来勉强维持,偶尔有些修缮工程,也挽救不了园林遗址继续毁坏的惨状。

1948年12月13日,中国人民解放军东北野战军第四十二军进入山海关后,在由昌平向圆明园和海淀镇挺进途中,接到野战军关于突破国民党军红山口、卧佛寺一线防御,抢占丰台,阻国民党军南逃的命令。队伍立即西进,经过红山口战斗,歼敌八百余人,占领青龙桥地区,解放了玉泉山。经过五天激战,到12月17日胜利解放了京西海淀地区。

12月17日,毛泽东主席致电平津前线指挥部:"……沙河、清河、海甸、西山系重要文化、古迹区,对原来管理人员亦是原封不动,我军只派兵保护,派人联系。"解放军部队认真落实毛主席的指示精神,妥善保护了万寿山、玉泉山一带的文化名胜古迹。

北平解放后,玉泉山为中央机关占用。如今的玉泉山还保持着原有的山形地貌，山洞依旧，不少御笔刻石和石雕佛像还较好地保存下来。有些未被毁掉的砖石建筑还立在原地。玉泉山的诸多泉水在 20 世纪 60 年代断流，园内溪湖多已干涸，只有玉泉湖和裂帛湖等靠打深井提水灌满，还保持着固有的秀美风韵。在 21 世纪初的几年中，集中对一批殿堂、寺庙和宝塔进行修缮和油饰。楠木殿、含晖堂、玉宸宝殿和峡雪琴音恢复了旧时轮廓，龙王庙、妙高寺、华严寺、真武祠依稀能看到往日的容颜，玉峰、妙高、华藏、多宝琉璃四座宝塔以崭新的雄姿屹立在玉泉山上，依然展示着三山五园标志性建筑景观的风采。

从 20 世纪 50 年代起，在静明园内部分建筑基址上修建了若干座别墅，大多为平房，却被命名为一号楼、二号楼、九号楼等。这座九号楼的会议厅，是粉碎"四人帮"的那天晚上召开中央政治局紧急会议的地点，起过重要的历史作用。玉泉山还是毛泽东、周恩来等中央领导人居住和工作过的地方。玉泉山静明园曾经是清代的皇家园林，还是当代中国的革命纪念地。

香山静宜园记盛

香山静宜园，是修建于清代乾隆年间京西造园高潮中的一座山地皇家园林。它与畅春园、圆明园、玉泉山静明园、万寿山清漪园一起，被称为"三山五园"。这是中国古代造园艺术最高水平的代表作。

乾隆年间是香山静宜园的鼎盛时期。追溯乾隆年间静宜园的原貌以及乾隆皇帝在香山的活动，对研究这段历史不无助益。

乾隆帝建成香山静宜园

香山，是被称为"太行八陉"和"神京右臂"的西山的一条支脉，以山顶的乳峰石上翻云吐雾类似香烟缭绕而称为香炉山，简称香山。也有人因满山杏树、十里杏香而称之为香山。香山峰泉花树，风光秀美：层峦巨壑，叠峰悬崖，峰岫环映，冈阜回合；林麓苍黝，竹树深蔚；溪涧镂错，清泉长流，被世人称为神皋隩区，风水宝地。又因为地近京城，当日可往，便成为梵宇集聚的佛都和旅游登高的胜地。

早在唐代即建成香山永安寺。辽代（916—1125年），中丞耶律阿勒弥在香山建成自己的宅舍。在金代世宗大定二十六年（1186年），此宅由本家捐舍，在原地修建成一座香山寺。当时佛殿前还立有石碑记载捐舍建寺的经过。当年三月寺院落成时，皇帝亲临游幸，赐名大永安寺。相传寺庙下方为原永安村旧址。

金章宗完颜璟经常到西山一带观山赏景，曾七次到香山游猎。在香山建有会景楼和祭星台。明代《南濠集》还记载一段关于香山梦感泉的传闻："金章宗常至其地，梦矢发泉涌。且起掘地，果得泉。其后僧以泉浅浚之，遂隐。"在章宗年间，"西山积雪"被定为燕山八景之一。

元代对香山寺也多有经营。《元史》记载：元世祖曾临幸香山永安寺。明代香山的建设有了更大的发展，修建了新的寺庙，其优美的山水环境为更多的人所认识，逐渐成为游览胜地。嘉靖帝游幸香山寺时说："西山一带香山独有翠色。"万历帝则亲笔为香山寺之来青轩题写匾额。

康熙帝修建香山行宫

香山行宫，是康熙帝在游观香山名胜古刹时，"恐仆役侍服之臣或有所劳也"，才在佛殿侧修建的。据《嘉庆一统志》载："香山行宫在静宜园内，康熙十六年修。"即建于 1677 年。康熙香山行宫的规模不会很大，"无丹臒之饰，质明而佳，信宿而归，牧圉不烦"，他也只是游山观景之余，稍作憩息和饮茶进膳而已。从未见到他夜宿香山行宫的记载。他偶尔有一夜不下西山，却是"驻跸碧云寺"（据《康熙实录》）。

康熙帝留下了一些游赏香山的记载。他曾游览洪光寺，分别为正殿和毗卢圆殿题写了殿额"慈云常荫"和"光明三昧"。临幸香山寺时，为来青轩题额"普照乾坤"，并写诗《来青轩临眺二首》，其二为：

来青高敞眺神京，斜倚名山涧水清。

此日君臣同览赏，村村鸡犬静无声。

乾隆帝弘历在乾隆八年（1743 年）初游香山，便非常喜欢这块锦山绣水，决意在皇祖玄烨香山行宫的基础上，兴建一座山地皇家园林。当年就传谕为圆明园八旗护军营增定了皇上驻跸香山时的守卫和清跸等职责。乾隆九年又降旨：成立香山工程处，积极做筹建新园的准备工作；又从静明园、西花园两处的副总领内各选一名管理官员，"在香山行宫行走"。经过一番周密的筹划之后，乾隆十年（1745年）七月便正式动工，大规模修建香山的皇家园囿了。

香山静宜园修建的年代，弘历在《静宜园记》中写得非常清楚："乾隆乙丑秋七月，始廓香山之郛，薙榛莽，剔瓦砾，即旧行宫之基，葺垣筑室。佛殿琳宫，参错相望。而峰头岭腹凡可以占山川之秀，供揽结之奇者，为亭，为轩，为庐，为厂，为舫室，为蜗寮，自四柱以至数楹，添置若干区。越明年丙寅春三月而园成"。即从乾隆十年七月（1745年8月）正式动工，于乾隆十一年三月（1746年4月）建成，历时九个月。关于建园用了不到一年的时间，弘历曾在乾隆十二年（1747年）写的《香山》诗中做过记录："修葺未经年，成园已断手。时来驻清跸，辄与周旋久。"乾隆帝在乾隆十一年（1746年）正式定名为"香山静宜园"。

静宜园二十八景建成

二十八景的建成，是静宜园基本建成的标志。这二十八景中的每一景，有的是一个建筑组群，或组群中的一座单体建筑，如殿堂、楼阁、斋、馆、轩、舫以至敞宇、小亭；有的是山、石、泉、树等自然景观再辅以小型建筑，如山岭、山洞、山石、泉水、水池、古树、树林，再修建一些建筑物。这些依靠和利用香山特有的山

静宜园二十八景分布图

水林泉等地貌形胜的优势建成的丰富景观，将香山修建成的一座园林化的山岳风景区，使静宜园成为独具特色的山地皇家园林。

静宜园二十八景，建在内垣腹地景区的有二十景，建在外垣高山景区的有八景。内垣二十景是：建于大宫门内的"勤政殿"，殿后西山坡上的"丽瞩楼"，和楼后偏南的"绿云舫"。丽瞩楼迤南为"虚朗斋'，斋西为"璎珞岩"。璎珞岩东稍南为"翠微亭"，亭东山上另有一亭为"青未了"。青未了迤西岩际为"驯鹿坡"，坡西有"蟾蜍峰"。蟾蜍峰北稍东为"栖云楼"。栖云楼北临"香山寺"，寺前石桥下方池为"知乐濠"；寺正殿门外有"听法松"。香山寺北侧有"来青轩"；寺北稍西为"唳霜皋"；寺西北有盘道可达洪光寺内的"香岩室"，盘道上有"霞标磴"。霞标磴之北为"玉乳泉"。玉乳泉西稍南为"绚秋林"；再往北为"雨香馆"。

外垣八景是：丽瞩楼北度岭为"晞阳阿"。晞阳阿北为"芙蓉坪"。芙蓉坪西南为"香雾窟"。香雾窟南稍东为"栖月崖"。

栖月崖北为"重翠崦"。重翠崦东南为"玉华岫"。玉华岫西南为"森玉笏"。森玉笏东北为"隔云钟"。

静宜园在建成二十八景之后，还不断有过新建和续建。如乾隆十三年（1748年）在勤政殿西北方增建致远斋。二十七年（1762年）以前在虚朗斋周围续建了伫芳楼、净界慈云、水容峰翠以及采香亭、延月亭等。同年还增建了南宫带水屏山。此后又在森玉笏周边增建了超然堂、胜亭等。四十五年（1780年）在香山东北部的别垣，修建了宗镜大昭之庙和见心斋两个寺庙和风景建筑群，使静宜园达到了建园的鼎盛时期。

景观概貌

香山静宜园处于小西山山系转折而东的枢纽部位。主峰鬼见愁高出宫门四百多米。全园占地面积153公顷，周围的宫墙顺山势盘延环绕，全部衬砌成虎皮石墙，全长达五公里。园内还砌有内垣、外垣和别垣，将园囿分成东部和南部、西北部、东北部三个园区。

行宫别苑

静宜园中的行宫别苑有四个部分：一是勤政殿建筑群，这是乾隆帝视朝理政的地方；二是中宫，这是乾隆帝的寝宫及憩息之地；三是南宫，皇帝憩息赏景的宫殿。第四是一组松坞云庄建筑群。

勤政殿建筑群

勤政殿为静宜园二十八景之一，依山而建，坐西面东，面宽五楹，内明间面宽1.94丈，次间和梢间面宽各1.7丈，进深2.4丈，前后廊各进深1.4丈，柱高1.3丈。殿内匾额题为"与和气游"，楹联为"林月映宵衣寮案一堂师帝典；松风传昼漏农桑四野绘豳图"，皆乾隆御书。

关于勤政殿的命名和功用，弘历在《勤政殿》诗序中写道："皇祖就西苑超台之陂为瀛台以避暑，视事之所颜曰勤政。皇考圆明园视事之殿，亦以勤政名之。予既以静宜名是园，复建殿山

勤政殿

麓，延见公卿百僚，取其自外来者近而无登陟之劳也。晨披既勤，昼接靡倦，所行之政即皇祖、皇考之政，因寓意兹名，用自勖焉。"康熙帝在西苑建有勤政殿，雍正帝在圆明园建有勤政殿，弘历将静宜园的视政大殿也以"勤政"为名，就是要继承父祖遗志，宵衣旰食，用以激励自己，将祖传帝业发扬光大，使得江山永固。

勤政殿后，上山西行，山路北边修建了四座院落。居中的便是致远斋。致远斋坐北朝南，面阔五楹，前后抱厦各三楹。正殿外檐向南悬乾隆御书黑漆金字"致远斋"匾额。斋前有半圆形小溪，搭建一座小桥，有甬路通向勤政殿。斋后靠院东墙和北墙建半院游廊，与东院、西院相通。致远斋是弘历在香山的"咨政"之处，他的《题致远斋》诗写道："庶官斯引见，几务此筹咨。便是游山处，无非勤政时。人惟得屡试，章不厌详披。致远宜从近，省心要在思。"

致远斋西临一院，院前有垒砌的山石，院正中有一座横向的长方形水池。池北为五楹正殿的韵琴斋，斋内悬乾隆御书"智仁山水德"匾额。池南为三楹敞厅听雪轩。

韵琴斋的北院墙游廊，距院北山沟有22丈之遥。在山沟南沿建一座"引见楼"，是被召见的王公大臣候召之所。

从勤政殿后的山路往西，山上有一院落，正殿为三楹横秀馆，院北侧为三楹清寄轩，南侧为日夕佳亭，清寄轩为皇太后的寝殿，建于乾隆二十四年（1759年）。弘历每次奉生母游赏香山，必令皇太后满意而归。太后于四十二年（1777年）去世，十年后弘历再来清寄轩，仍对生母非常怀念。提笔写道："此处为向年构筑，以备圣母游山来此住宿之所。逮今二十载矣。"便吟出一首悲痛的诗《清寄轩叠辛巳诗韵》:"触目感相关,云轩廿载间。惟深增痛志,那复侍愉颜?飒飒阶松籁,依依坡鹿斑。向年祝厘景,挥泪对苍山。"

横秀馆后接连建有一座院落,院中建一坊座,座后正中有五楹二层丽瞩楼。楼前有南北配殿各三楹,楼后在院外有一座多云亭。丽瞩楼为二十八景之一。弘历《丽瞩楼》诗序写道:"勤政殿依山为屏,取径于屏之南,折而东,平冈数百步,缭以周垣,奥室数楹,颜曰静寄。缘石磴左右上,华表桀峙,岑楼隐峰,审曲面势,时惟朝阳,因山为基,斯楼最其胜处。"此诗写道:

重基百尺耸,万象四邻通。
岚霭变朝暮,山川无始终。
会心堪致远,抚景念居崇。
春色皇都好,都归一览中。

丽瞩楼西边更高的山上偏南,有一座船形建筑,便是绿云舫。绿云舫是二十八景之一。

以上这个建在静宜园宫门内的建筑组群,围绕在勤政殿周围,从山麓延伸到山腰。其功能主要是处理朝政,召见群臣,属于宫廷办公地区。虽然仍然维护着封建皇宫的基本规制,却已完全摆脱了皇宫那种规格死板的面貌,具有了山野皇苑那种较为舒适自由的氛围。这也是弘历喜住西郊皇家园林的重要原因。

皇帝的寝殿——中宫

中宫,是乾隆帝在静宜园的后宫生活区,位于勤政殿的南侧。走进南宫门往西,垂花门内北面正殿为虚朗斋,南为三楹的画禅室，西为一座六角露香亭。院正中藤萝架下是"曲水流觞"，饮酒赋诗之地。

虚朗斋为二十八景之一。弘历《虚朗斋》诗序写道："由丽瞩楼而南，度石桥为北宫门。沿涧东行，折而南，为东宫门。中为广宇回轩，曲廊洞房，密者宜燠，敞者宜凉，棼栱不雕，楹槛不饰。砻石周庑之壁，书兹山旧作，与摹古帖参半。南为曲水，藤花垂蔓覆其上。向南一斋曰虚静斋。虚则公，公则明，朗之为义，高明有融。异夫昭昭察察之为者，要非致虚极不足语此。"诗序中所言，即概括了中宫的整体景象。

虚朗斋院之北第二进院为学古堂院，北边正殿为七楹学古堂，南为七楹泽春轩，西配殿为仁芳楼，东配殿为濠濮想。

学古堂为乾隆帝的寝殿，宽阔高大。陈设高贵典雅。学古堂

虚朗斋

前的三面游廊，嵌满《御制静宜园二十八景诗》石刻和摹古碑帖石刻。

学古堂北的第三进院正殿名"物外超然"。庭院四周有游廊连通。正殿一座五楹，后抱厦三楹，殿檐悬御书黑漆金字匾额。

中宫西路也是三进院落。南院东有五楹水容峰翠殿，前抱厦三楹名披云室；西有五楹怡情书史殿；东有一座采香亭。西路地势北高南低，庭院两侧各建八楹爬山游廊，可登陟到中院。中院东有五楹凌云馆，西有五楹延旭轩，两侧也建有爬山游廊。北院迎面正中是一座重檐的元和宣畅戏台，戏台面宽2.4丈，进深2.5丈，扮戏房两卷各五楹，名情赏为美，门向北开。这里是皇帝观赏戏曲的地方。扮戏房北边还有二十余间值房。

中宫的东路，北部有一座五楹郁兰堂，庭院四周建有游廊。出南墙正中的垂花门，便是一片空旷，院内有大小四座土山。南端有南宫门，宫门内东侧有两排值房。

中宫是皇帝在静宜园的寝宫，可以读书、赏画、饮酒赋诗、欣赏戏曲。中宫周围是一派浓郁的山野风光，是一处比圆明园还要幽静清爽的所在。

南宫带水屏山

带水屏山门宇三楹，南向。门西池边建有一座三楹对瀑殿，庭院内有曲尺形水池，院北正中是三楹怀风楼，楼东为三楹琢情之阁，再往东是一座建于池中的净凉亭，有回廊通向岸边。沿庭院东墙建一座三楹得一书屋。楼西南方向为三楹山阳一曲精庐。这三座书屋阁庐皆有乾隆御书匾额。

松坞云庄

从中宫南行，可抵达香山寺南侧的松坞云庄。这是一座修建在半山腰中南倚层岩、前瞰远岫的清爽庭院。院中有一座方形水池，名叫天池。天池南岸建一座五楹松坞云庄；东岸是一座三楹凭襟致爽楼；西岸是一座青霞堆四方亭；北岸水中是一座山水清音戏台，台后有三楹扮戏房。房门北向正对宫门。天池边的四座建筑由20间游廊连通。在松坞云庄殿南边高耸的山崖下，有一座二层五楹栖云楼。

天池的水，从院墙西侧山坡两眼清泉中涌出，泉名双井，也称双清。崖壁镌有乾隆御笔"双清"二字。

栖云楼是二十八景之一。弘历的《栖云楼》诗序写道："予初游香山，建此于永安寺西麓，适当山之半。右倚层岩，左瞰远岫，亭榭略具。虽逼处西偏，未尽兹山之势，而堂密荟蔚，致颇幽秀。"

弘历对栖云楼非常满意，每到香山，第一个落脚点便是天池畔、层岩下的这座两层小楼。他多次写过："构筑山园楼最古，每来先必到栖云"（《栖云楼得句》）；"我爱栖云楼，频来有句留。两山当户辟，一水绕阶流。如如色里智者乐，彪彪声中太古秋"（《栖云楼听瀑布水拟杜牧三韵体》）。

在松坞云庄之西，有一座欢喜园。庭院西、南两边为高山，东、北两边被什锦花墙围圈起来，庭院正中建一座三楹欢喜园殿，后抱厦一楹。殿檐悬乾隆御书青漆金字"欢喜园"匾额。殿东南有三楹"得象外意殿"。殿西南山坡建一座丛云亭。

佛教寺庙

静宜园内有几座著名的古代庙宇,但在修建皇苑时都经过了修缮和添建,同时还修建了一些新的庙宇,使香山有了佛都之称。

香山寺

香山寺位于静宜园内垣偏南部的半山腰,是一座唐代古寺。

香山寺的第一层是佛殿,佛殿层楼叠屋,顺山势由低到高,层层递增,前后五层,沿路石阶总共191级。

第二层是一座三楹歇山式天王殿。前后门上挂乾隆御笔粉油蓝字诗意匾两面。南北两侧建有钟鼓楼。北侧有一座四方碑亭,竖一通乾隆十一年(1746年)弘历《娑罗树恭依皇祖元韵》诗碑,为原书手迹。

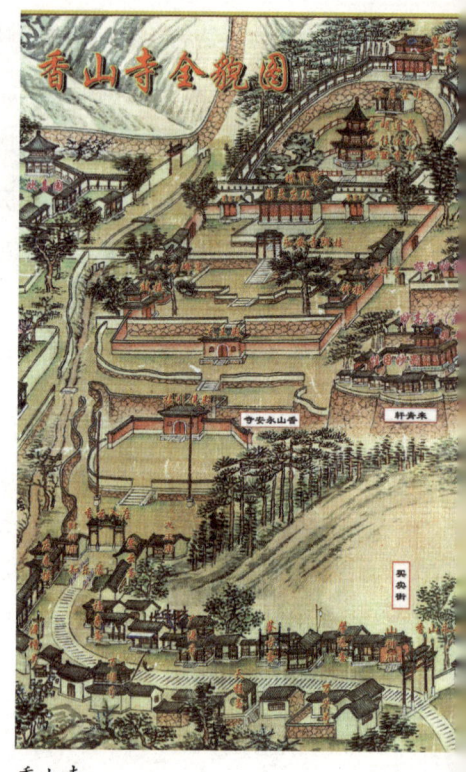

第三层正殿是一座七楹单檐歇山式"圆灵应现殿"。殿前立一座大石屏,汉白玉石基台上镶嵌三方碑刻。阳面刻三座塔形图案,每一图案中又刻有佛教经典,中刊《金刚经》,左为《心经》,右为《观音经》;阴面恭镌乾隆御笔燃灯古佛、观音、普贤诸像,

香山寺

并刻有御制赞语。正殿两侧有南北两座配殿，各三楹。

第四层建有一座三楹敞厅"眼界宽"。

第五层的主要建筑是青霞寄逸楼、水月空明殿和一座六方楼。

香山寺为二十八景之一。弘历《香山寺》诗序写道："寺建于金世宗大定间，依岩架壑，为殿五层，金碧辉映。自下望之，层级可数。旧名永安，亦曰甘露。予谓香山在洛中龙门，白居易取以自号，山名既同，即以山名寺，奚为不可？"

听法松是二十八景之一。弘历《听法松》诗序写道："山多桧柏，惟香山寺殿前有松数株，虬枝秀挺。山门内一松尤奇古，百尺乔耸，侧立回向。自殿中视之，为偏袒阶下，生公石不得专美矣。"

香山寺山门内，在正殿门前有两株古松，南边一株高达25米，树干周长3.14米；北边一棵略小，也高达20米，树干周长2.20米。树叶繁茂，枝干伸出很远。山风劲吹，树冠轻轻摇动，好像在连连点头。弘历突发奇想：那不是古松在佛门前聆听高僧讲经说法，听懂了在点头么。于是就为古松取名"听法松"。

香山寺门前的知乐濠也是二十八景之一。弘历《知乐濠》诗序写道："山涧曲流湍急，停蓄处苔藻摇曳，轻鲦游泳，如行空中。生物以得所为乐，涧溪沼沚与江湖等耳。知其乐随在作濠梁观。"原诗如下："潇潇鸣曲注，然否是濠梁。得趣知鱼乐，忘机狎鸟翔。唅啁云雾上，泼剌柏松旁。寄语拘虚者，来滋悟达庄。"

香山寺北侧还有一些殿堂，有的是原来单独建庙，后来合在一起了。北侧有三组殿堂组群，由东到西为观音阁、妙高堂和无量殿。

观音阁自成院落，面南而建，两层五楹，正殿外檐下层悬蓝地铜字"性因妙界"匾额，上层悬相同规制的"普门圆应"匾额，皆乾隆御书。院东侧是一座五楹来青轩殿。来青轩为二十八景之一。弘历《来青轩》诗序写道："由香山寺正殿历级东行，过回廊而东，为来青轩。《帝京景物略》谓明神宗所题，今额已不存矣。远眺绝旷，尽挹山川之秀，故为西山最著名处。因仍其名而重为写额。圣祖御题'普照乾坤'四大字，瞻仰之次，想见涵盖一切气象。"

来青轩建于明代，高踞危崖方台之上，凭栏东望，千顷绿畴尽收眼底，满山青翠，葱郁逼窗，故名。乾隆帝修建静宜园时，旧匾不存，便亲书"来青轩"悬于殿檐。

洪光寺为明成化年间太监郑同始建。乾隆九年（1744年）经过敕修，将洪光寺改为皇家寺院，规模宏丽，陈设考究，成为弘历经常参谒和游憩之地。洪光寺建一座五楹香岩室楼。香岩室为二十八景之一。

宗镜大昭之庙

宗镜大昭之庙始建于乾隆四十五年（1780年）七月，是为了迎接班禅六世来北京向乾隆皇帝祝贺七十大寿而修建的，所以也称为"班禅行宫"。它是仿西藏喇嘛庙之式而建成的。昭庙位于静宜园别垣的中部山麓，自东而西，由低到高，建筑布局有一条明显的中轴线。庙门高台上是一座四柱三间七楼、长二十七米的五彩琉璃牌楼。琉璃牌楼西上为三楹罩殿，上覆铜瓦镏金，殿檐悬乾隆御笔蓝地铜字"宗镜大昭之庙"匾额。环罩殿为藏式白台，群楼围绕东、南、北三面，上下共四层。白台建筑表面用砖石修砌，壁面辟有藏式梯形盲窗，上沿浮嵌着琉璃制垂花装饰，表现出格外的幽秘与古朴。白台东楼上为三楹"清净法智殿"，檐悬乾隆御笔匾额。白台北楼和南楼上各有御座房七间，内供佛像。白台东楼下有班禅居室六间，内置班禅的金像和画像。

都罡殿下南北两侧辟有券门两座，可沿通道走进白台下的天井。这里有一座井字御碑亭，八方重檐，内竖一通镌刻着御制昭庙诗的方碑。

清净法智殿后为藏式红台，四围群楼上下也是四层。东楼顶层为"大圆镜智殿"，西楼有"妙观察智殿"，南楼有"平等性智殿"，北楼有"成所作智殿"。这几座佛殿都为三楹，檐额悬乾隆

昭庙

御书蓝地铜字匾。红台下边三层群楼各有144间，供奉诸方菩萨神像，二层和三层的佛殿中各供奉三千多尊铜胎无量寿佛。

昭庙最高处，是一座高约二十米的八面七级楼阁式密檐琉璃塔。塔建在花岗岩叠砌的方形台基上。这是一层八角形须弥座，周围有汉白玉雕刻的围栏环护。塔基座四方各开一个拱券式塔门，门上镌有高浮雕式佛像。门内中间是一个八角形的塔心柱，四周是回廊。基座周围建有八角形坡状屋顶，如同一座八角亭。屋顶为塔台，台上便是八角形塔身。第一至第七层塔身的八面神龛中，都有一尊结跏趺坐式金黄色琉璃佛像。每层的檐角上各挂一枚铜铃，共计56枚。塔顶为八角垂脊向外伸出，中央为一个覆钵式刹顶，由金黄色琉璃制成。整座塔的塔顶、塔柱、塔门、横梁和佛像等，都由金黄色琉璃砖瓦制成，塔身、檐顶等是闪光的绿琉璃砖瓦，基座和雕栏则是汉白玉石雕砌而成。这座鲜丽夺目的巍巍宝塔，矗立在碧树红叶交织的锦绣山峦之中，占尽了秀美香山的风采和神韵，成为静宜园的标志性建筑景观。

碧云寺

碧云寺位于静宜园北侧、天宝山东麓。寺院依山势建成，坐西面东，东西高程相差约百余米，占地面积61亩。

碧云寺始建于元代，初名碧云庵。明代太监于经、魏忠贤曾先后计划作为"百年吉地"而大修寺庙，称碧云寺。乾隆十三年（1748年），弘历在建成静宜园后，开始进行大规模重修，并先后新建了金刚宝座塔、五百罗汉堂、藏经阁、行宫院等建筑，使碧云寺面貌大为改观，成为一座依山临水、古树蓊郁、规制恢弘、建筑精雅的著名皇家寺庙园林。

碧云寺逐级升高的中轴线上分布着五层佛殿建筑，分别是山门殿、天门殿、大雄宝殿、菩萨殿和塔院。塔院建一座金刚宝座塔。

此塔仿印度菩提伽耶城释伽牟尼悟道成佛纪念塔的形式修建。坐西朝东，高37.7米，分塔基、塔座、塔身三层。塔基呈方形，砖石

金刚宝座塔

结构，外以虎皮石包砌，台基两侧有石雕护栏。塔基正中开券洞，石洞镌额为"发阿耨多罗三藐三菩提心"，石龛额题为"灯在菩提"。由石阶逐级螺旋而上，可登上基座。座上出口是一座屋形方塔，其前方左右各有一圆形喇嘛塔，其后是五座十三层密檐方塔，中央一座大塔，四隅各有一座小塔。按照佛教的说法，井字中央是须弥山，四周分布着水、陆、山和代表它们的佛。五座石塔的基座均为须弥座，塔身四面刻有佛像。上边是用十三层相轮组成的塔颈，再上是铜质塔顶。铜顶中央铸有八卦，四周围以花缦。塔顶上端又立一小塔，上有眼光门，门内有一座佛像。整个金刚宝座塔布满大小佛像、天王、龙凤狮像和雨纹等精美的浮雕，全是藏传佛教的形象。

碧云寺北路，在乾隆十三年（1748年）就水泉院的旧基，修建成一座行宫院。院内东头有涵碧斋三楹，院西另有一座小院，建有五楹含青斋，含青斋西边便是水泉院。卓锡泉从南墙石罅中汩汩涌出，水势旺盛，终年不息。

在卓锡泉喷涌之处，在原藏花洞的基址上修筑了三楹清净心洞，也称仙洞。门外向北悬乾隆御书"清净心"匾额。洞内三间神台上分别供奉着铜三宝佛三尊、铜文殊菩萨一尊、铜普贤菩萨一尊。

清净心洞两侧石壁前和洞前，砌有太湖石假山，窍穴多姿，嵌空剔透。洞西石壁前，假山峰石上修建一座汉白玉石栏杆围起的弈棋台。庭院内古树参天，翠竹丛丛，泉流琴筑，清爽异常。

在卓锡泉边还建有一座三楹"试泉悦性山房"。《日下旧闻考》载："试泉悦性山房檐额曰境与心远，后檐额曰澄华，是为泉水发源处。"山房坐西面东，建筑面积121.5平方米。房前有座石门，两侧各植一株松柏，树枝垂在石门两侧，形成一座松门，也称柏门。

试泉悦性山房是弘历每次游香山必去观赏的地方。"曰声曰色两绝情，宜观宜听信无量。我游香山此必至，况复清和洽幽访"（《试泉悦性山房》）。山房的优势有两项"绝清"，一是松色，一是泉声，松色宜观，泉声宜听。

在碧云寺中轴线菩萨殿南侧，在乾隆二十九年（1764年），用银一万六千两修建了一座五百罗汉堂。这是仿杭州净慈寺罗汉堂之制建成的。特别应当指出的是：罗汉堂这五百尊栩栩如生的罗汉塑像，是杭州工匠在当地仿净慈寺原作一个个雕制漆绘完成以后，总体装运越过长江大河抵达京城香山的。这有弘历三十二年（1767年）所写《碧云寺》诗及诗注明确记载下来。原诗如下：

隔谷祇园古，中天耸玉台。

不安比邱住，尽去椓人灰。

面目还清净，松篁作侣陪。

应真参五百，飞渡大江来。

诗后有注："寺中五百罗汉堂，命浙中选匠装严，运置于此。"

罗汉堂共计殿堂65间，抱厦4间，前殿3间。殿内有"海会应真"匾额，楹联为："果正吉祥云三千已遍；观融功德水五百非多"，皆黑漆金字，乾隆御书。殿堂建筑风格别致，平面呈田字形，每面九间，中间形成四个小天井。堂中心建成一座小喇嘛塔。堂的正面出轩，置有四大天王泥塑彩像。殿堂内依次布列着木质漆金罗汉500尊，佛、菩萨及其他佛像7尊，房梁上还有济公活佛像，总计508尊雕像。罗汉像基本上是坐像，高约1.5米，形态各异，面容生动，或正襟危坐，或闭目养神，或喜笑颜开，或以手拱额，或凝神静思，仿佛是身披袈裟的现实中人，使得殿堂内肃穆、神秘而又可亲。最让人忍俊不禁的是，有位"破邪见尊者"罗汉，顶盔挂甲，罩袍登靴，两手扶膝，双目炯炯，分明是一位身披戎装的帝王之像，原来他就是乾隆皇帝的塑像。弘历早就把自己说成是文殊菩萨转世。班禅大师曾说："当今大皇帝乃诸佛之冠至尊文殊菩萨"，当面称他为"文殊大皇帝"，他都默认。他希望接受人间香火，享受顶礼膜拜，这次趁修建罗汉堂按自己的形象雕成一尊罗汉，位列罗汉群中，以期受到礼拜。

罗汉堂西边有一座二层九开间藏经楼，称九间楼，建筑面积243.2平方米，是为藏经用房。

山水景观

静宜园是一座在天然山水园的基础上修建成的山地皇家园林，自然有一些就天然山水为主要元素而加工建设成的景观。这正是静宜园的优势和特色，也是很多平原园林所无法比拟的。

璎珞岩为二十八景之一。弘历《璎珞岩》诗序写道："横云馆之东，有泉侧出岩穴中。叠石如庋，泉漫流其间，倾者如注，散者如滴，如连珠，如缀旒，泛洒如雨，飞溅如雹。萦委翠壁，潎潎众响，如奏水乐。颜其亭曰清音，岩曰璎珞。亭之胜以耳受，岩之胜与目谋，澡濯神明，斯为最矣。"原诗如下："滴滴更潺潺，琴音大地间。东阳原有乐，月面却无山。忘耳听云梵，栖心揖黛鬟。饮光如悟此，不复破微颜。"

璎珞岩是一块云岩"立峰"的名称，位于带水屏山之西。其上有厅宇三楹，正殿外檐向东悬康熙御书"绿筠深处"匾额。可

璎珞岩

知此厅宇为康熙年间所建。厅内陈设有雕漆柜一对、紫檀嵌玉插屏二件以及青玉盖碗等。还存放有《五经》《初学记》《佩文斋书画谱》《春明梦余录》等书籍。

璎珞岩前有一座水池，水从双井流来。池前建一座清音亭。弘历上述《璎珞岩》诗及诗序即镌刻在水池上端的石壁上，乾隆三十六年（1771年），由多块山石堆砌成的石壁，仍如弘历诗序所描绘：清泉漫流其间，如奏水乐；亭之胜以耳受，岩之胜与目谋，是一处山水胜景。

青未了为二十八景之一。弘历《青未了》诗序写道："南山别𪩘为宫门右臂，群峰苍翠满目，阡陌村墟，极望无际。玉泉一山，蔚若点黛，都城烟树，隐隐可辨。政不必登泰岳、俯青齐，方得杜陵诗意。"青未了，是因杜甫《泰岱》诗"岱宗夫如何，齐鲁青未了"而命名。实指宫门右侧这一带苍翠群峰。山上建一座五楹青未了殿，殿外檐向西悬乾隆御书"青未了"匾额。

蟾蜍峰为二十八景之一。弘历的《蟾蜍峰》诗序写道："香山寺西冈，巨石侧立如蟾蜍，哆口张颐，睅目皤腹，昂首而东望。尝谓宇宙间石为最顽，而肖物象形，往往出人意表。况木变、松化，造物固无所不有。麻源山石中有螺蚌，兹石得无东坡诗中青猿醉道士类欤？"蟾蜍峰位于香山寺西南、双清西边山上。因有两峰巨石并立山巅，坐西望东，形如两只蹲坐的蟾蜍向山下瞭望，故名。

霞标磴为二十八景之一。从中宫去洪光寺，要走很长的山路，山间盘道上累石为磴，历九曲十八盘，山势耸峙，迂回益折，沿山开凿成一条通道。两侧松柏夹道，山谷林树繁茂，浓荫蔽日。

正如朱彝尊所说："香山十八盘，盘盘种松柏。"由于萦纡盘旋，使得坡度略显平缓，避免了陡直险峭，但仍可与李思训、王维所绘蜀山栈道相比。实际上这条石磴盘道是太监郑同在成化年间修建洪光寺时建成的。正德年间陈沂即写到过它："九盘石磴上招提，路出岩峣见古题。极目风烟双林迥，回头楼阁万峰低。闲花开落青春暮，细水从容白日西。竹树渐多尘渐远，幽并端自足山溪。"文徵明在《香山历九折坂至弘光寺》诗中也写过："行从九折云中坂，来结三生物外缘。"康熙帝游香山时，也写过一首《洪光寺盘道》："白云飞夏日，斜径尽崎岖。仙阜崇高异，神州览眺殊。"

弘历在修建静宜园时，重新整修加固了盘道，并在盘道间建起一座三楹敞厅，御题五言律诗一首，因有诗句"踏磴看霞起"而命名"霞标磴"，在敞厅外檐悬御笔匾额。

森玉笏为二十八景之一。弘历《森玉笏》诗序写道："山势横峰侧岭，牝谷层冈，欹涧曲径，不以巉削峻峭为奇。而遥睇诸岭，回合交互，若宫、若霍、若芨、若峘、若峤、若峝、若厜、若厬、若重甗、嵯峨嶔釜，负异角立。积雪映之，山骨毕露，群玉峰当不是过也。"诗如下："回冈纷合沓，峻岭郁嵯峨。俨若千夫立，森然万玉罗。色无需藻绘，坚不受砻磨。山伯朝天阙，圭璋列几多。"

森玉笏位于外垣玉华寺的西南方。此地峰峦壁立，巨石峭耸，一堵绝大的石壁上，巍然镌刻着乾隆御题"森玉笏"三个大字。石壁东北方是一座五楹超然堂。

乾隆三十三年（1768年），弘历又仿杭州小有天园内的亭式，在超然堂边修建了一座胜亭。此亭为揽胜而建，且建成方胜形，

森玉笏旧影

即由两个方形互相叠合连环而成的形状,"揽胜构山亭,其形遂有胜"。弘历登胜亭揽胜,又与西方和南方征战的"胜利"相联系,他说:"亭有方胜式,落成后平定准噶尔回部、两金川,大功凡三奏,实副嘉名。"于是吟成一首《胜亭口号》:

揽胜因之额小亭,率从南国肖其形。

而今胜已三功奏,胜弗再期期物宁。

晞阳阿为二十八景之一。在森玉笏西北山上,有一座高大的石壁,山下有石窟,深广盈丈,洞外向南石上刻"朝阳洞"三个红字。洞西侧山石上镌刻弘历《晞阳阿》诗。朝阳洞东建一座四楹"晞阳阿殿",坐西面东,外檐向东悬乾隆御书粉油蓝字"晞阳阿"匾额。

芙蓉坪为二十八景之一。弘历《芙蓉坪》诗序写道:"最北一嶂,迤逦曲注,宛宛如游龙,回绕园后。昔人有云,岩岭高则云霞之气鲜,林薮深则萧瑟之音清。两言得园中之概。"诗如下:"足

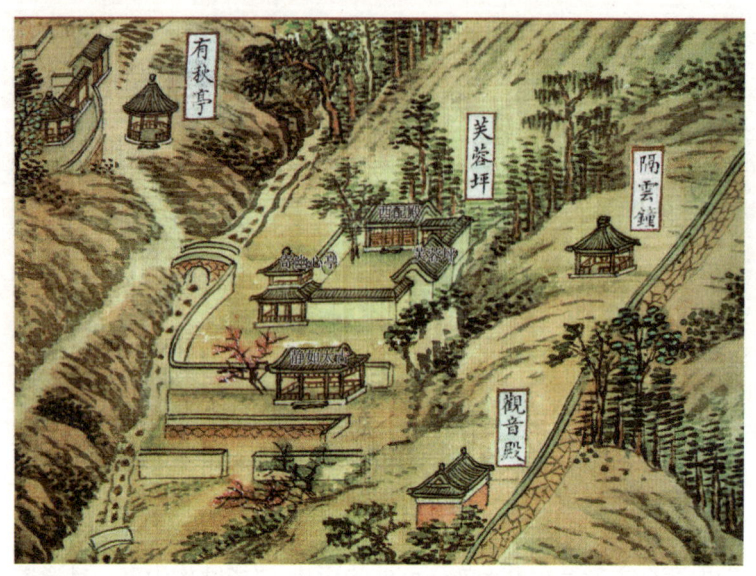

芙蓉坪

底生云霞,臂左招星辰。振衣千仞冈,此语诚可人。到来每徘徊,欲去重逡巡。翘首眺青莲,堪以静六尘。"

　　芙蓉坪是山石下平地上建起的一座三楹两层楼房。楼外东边北山石上刻"芙蓉坪"三字。楼门外有六间西山游廊可通两间朴室。再往西南方有一座有秋亭。楼东南建一座三楹敞厅静如太古,厅外檐向东悬御书匾额。

　　重翠崦为二十八景之一。弘历《重翠崦》诗序写道:"度栖月崖而北稍西,邃宇闲敞,岚青树碧,烟浮翠重,近拂几案间。崦字,字书所略,而唐宋人诗多用之者。疑岩岫复叠处如所谓一重一掩耳。"诗如下:"掩映山变态,既狭欻开豁。卷幔风声飒,写槛云容活。驯鹿守翠微,幽禽下古栝。素志托清旷,遐瞩极完阔。"

重翠崦位于外垣芙蓉坪西北山上。指岩岫复叠处"岚青树碧，烟浮翠重"，是一幅美丽的山景图。在此修建了一座三楹殿堂，殿外檐向东悬乾隆御书黑漆金字"重翠崦"匾额。重翠崦东侧石罅间有泉溢出，泉畔建一座龙王堂。

玉乳泉为二十八景之一。弘历《玉乳泉》诗序写道："行宫之西，循仄径而上，有泉从山腹中出，清泚可鉴。因其高下，凿三沼蓄之。盈科而进，各满其量，不溢不竭。《长安客游记》谓山有乳峰，时嘘云雾，类匡庐香炉峰。不知玉液流甘，峰自以泉得名耳。"

玉乳泉位于洪光寺东北方山下，从中宫循山路西行可达。泉边建玉乳泉殿三楹，坐西面东，外檐向东悬乾隆御书粉油蓝字"玉乳泉"匾额。这是弘历用玉乳泉烹茶品茗的地方。

赏景佳地

静宜园的山水景观和人文景观丰富多彩，观赏的地点也很多。可欣赏自然界的奇山妙水，天象气候的阴晴雨雪，生物界的飞禽走兽、古树奇葩，也可谛听近处泉筑鸟弦和远处传来的梵响钟韵。列举出香山的赏景佳地，或可体会出造园者的艺术匠心。

绚秋林

绚秋林是二十八景之一。弘历《绚秋林》诗序写道："山中之树，佳者有松，有桧，有柏，有槐，有榆，最大者有银杏，有枫，深秋霜老，丹黄朱翠，幻色炫采。朝旭初射，夕阳返照，绮缋不足拟其丽，巧匠设色不能穷其工。"诗如下："嶂叶经霜染，迎晖紫翠纷。绚秋堪入画,开锦恰过云。晻霭峰容变,迷茫界道分。金官斗青帝,果足张吾军。"为一座十字小亭。亭内向北悬一面乾隆御笔墨漆金字诗意匾,亭外向北悬乾隆御笔大理石心红字"绚秋林"匾额。小亭西侧巨石森列,石壁和山石上镌刻有"萝屏""翠云堆""留青"等醒目大字。再往西上山为一座重檐亭观音阁,亭外檐向东悬乾隆御书、盛京石地花梨边红字"鹰集崖"匾额。崖旁勒"仙掌"二字。下有石临泉,镌题为"罗汉影",皆乾隆御书。绚秋林是观赏经霜嶂叶特别是红叶的地方。面对霞映霜染,幻色炫彩的秋景,弘历感叹说:"深秋纵目,紫翠万状,因悟杜甫'绝壁过云'之句,非深历其境者不能得也。"

雨香馆

雨香馆为二十八景之一。弘历《雨香馆》诗序写道:"绿云

雨香馆

舫稍西，步平冈而南，为雨香馆。山中晴雨朝暮各有其胜，而雨景尤奇。油云四起，滃郁栋牖，长风飘洒，倏近倏远。苔石药苗，芬馨郁烈，沉水龙涎，不免烟火气。"

雨香馆位于绿云舫西南，绚秋林之西的山坳里，"山馆虽弗遥，乃在岩坳处"（弘历《雨香馆》）。山馆四周有围墙环护，南边和西边是两道山沟。五楹雨香馆建在东墙内，有三楹后抱厦。雨香馆是弘历赏雨的山馆，指雨言香有两层含意：一是雨香夹杂着岩叶涧花的芳香。二是正当天气干旱需要浇水时，恰恰天降喜雨，这雨也是香的。乾隆四十七年（1782年）初夏，弘历游山时在此写了一首《题雨香馆》，有诗句"宁云叶馥花飞处，喜是农村遍雨香"。

唳霜皋

唳霜皋为二十八景之一。香山寺西北山坡上，饲养着一群海鹤。在附近修建了一座六方亭，取名唳霜皋。

驯鹿坡

驯鹿坡为二十八景之一。位于青未了迤西，栖云楼以南一带山坡。在栖云楼以东建有上鹿圈和下鹿圈。弘历常来驯鹿坡观鹿，在很多首香山诗中写到鹿的活动和行踪。

翠微亭

翠微亭为二十八景之一。位于中宫之南、璎珞岩东稍南，为一座八方亭，面积约50平方米。此亭距皇帝寝殿较近，依山临水，夏日绿树荫浓，泉流鸣筑，堪宜避暑；秋天漫山红叶飘丹，朱碧斑驳，天然美景如画，陶心怡性，引发诗情，为弘历所喜爱。

正凝堂

出昭庙北行过石桥，有一座缀满什锦花窗的圆形围墙圈起的一组建筑群，这就是园中之园正凝堂。底层的全部庭院是一座半圆形的不足一亩的水池，水清见底，群鱼兔游，四面绕以游廊。正西建一座三楹敞厅见心斋。斋檐东向悬乾隆御书匾额。

见心斋石阶下水澄如镜，金鱼畅游，是赏鱼的好地方。从小湖北侧上攀，即可到达一座两楹的来芬阁。

来芬阁所在的第二层庭院，西面正殿为一座五楹的正凝堂。关于堂名，弘历在《题正凝堂》诗中交代得很清楚："有水镜于前，其波亦澹沱；有山屏于后，其峰亦嵯峨。凝实水之德，正则山之果。因以为室名，寓意无不可。"殿内后隔扇门上向东悬乾隆御书漆地蓝字"澡雪精神"匾对三件。殿内存放大量古今书籍，如《御纂朱子全书》《钦定全唐文》《钦定春秋左传读本》《书画谱》《咏物诗选》《御制全韵诗》等。庭院东南侧山崖边建一座二楹养源书屋，东山接抱厦一楹。因为室居山半，踞泉源之上，乃有此名。书屋内床罩上向北悬乾隆御书"养源书屋"纸匾一面。

正凝堂北侧为一座三楹畅风楼。因楼后植有一片松林，"披襟底觉心神畅，为是风从松入来"。因正凝堂后松林取名的，还有融神精舍和就松室。融神精舍建在后院正凝堂的南侧，"精舍就松筑，常披太古风"。位于融神精舍南边的三楹就松室，后卷二楹共五楹，"舍筑松旁号就松"。弘历有"就松舍不一而足，凡古松旁率置有"的诗句，因为在畅春园西花园和避暑山庄的古松旁，都建有一座"就松室"。

在正凝堂西边直到山崖石壁，是一座宽阔的后院。院中数十株松柏树，高耸苍郁。院正中建一座一丈多见方的方亭，敞亮清爽幽静，是乘凉品茗的好地方。

见心斋建于明嘉靖元年(1522年)。乾隆帝在十一年(1746年)修建静宜园时，并未对此景大加修葺，所以二十八景中没有见心斋，也不见正凝堂。直到乾隆三十四年（1769年）四月，弘历才来此游赏并写了正凝堂等五座建筑的五首诗。说明正凝堂这组建筑群，是在此前不久修建成的。

香雾窟

香雾窟又名静室，是二十八景之一。弘历《香雾窟》诗序写道："历玉华岫而上，西南行，陟山巅，是园中最高处。就回岭之侧为丽谯，睥睨如严关。由石磴拾级而上，则山外复有群山，屏障

香雾窟

其外。境之不易穷如此。人以足所至为高，目所际为远，至此可自悟矣。"诗如下："夤缘萝薜烟，攀陟枫杉岭。樽俎千里遥，衣裳久夏冷。漫嫌步屦劳，堪令心神屏。将谓最高处，更有无穷境。"

香雾窟位于朝阳洞西北山巅，从玉华岫向西南方攀登可达。在香山静宜园的诸多建筑中，位置是最高的。静室是一座三楹殿堂，面东而建。静室东、南、北三方都建有坊座，东边大坊座额题为"香圃""琪林"，其前小坊座额题为"虹梁""月镜"；南坊额题为"攒萝""环绮"；北坊额题为"丹梯""翠壑"。静室后边西方有竹炉精舍，竹炉为烹茶所用，系命吴工仿无锡惠山听雪庵之竹炉编成置于此室。竹炉精舍的西北还有一座镜烟楼。

因为"香山室宇惟此处最高"（弘历语），它远离尘嚣，才取名"静室"。由于地势高峻，"到逢三伏犹无暑，况是清和雨后来"，气候异常清爽，它才成为避暑胜地。同样，这里也成为登高望远之地。乾隆十二年（1747年）六月，弘历来到香雾窟，清风徐来，吹得槐树枝前后摇摆，飘落的槐花撞得窗纸咚咚作响，好像降下的雨点声。推门一看，不仅无雨，连天上的几缕白云也飘散了。弘历登上丽谯，纵目远眺，连那雄伟壮丽的北京城也隐约可见，不由得诗情迸发，一挥而就：

云端纵目恰云开，一俯皇都亦壮哉。
怪底诗人爱临赏，几多吟思个中来。

登上最高处，也引起弘历理性的思考。人们一般认为"足所至为高，目所际为远"，但再往高处走，感觉就会发生变化，原来境不易穷，山外有山，天外有天，得出了"将谓最高处，更有无穷境"的哲理性认识。

弘历来到香雾窟，总要到竹炉精舍品茗。因为他非常欣赏惠山竹炉之雅，便在静明园、避暑山庄和香山都修建了竹炉精舍（山房）。弘历认为，"近京虽多有泉，皆不及玉泉之天下第一泉。凡御用饮膳之水，皆从是处取之。"即使在香山竹炉精舍烹茶，也是由太监从玉泉带水上山。这有弘历的《竹炉山房》诗为证："最高处时乏山泉，司事携泉备茗煎。"在乾隆五十三年（1788年）还另写有一首《竹炉山房》诗："因爱惠泉编竹炉，仿为佳处置之俱。香山精舍偶临此，即曰无泉泉岂无。御用大都第一泉，携来中使熟烹煎。惯经伺候早呈到，谓曰啜清笑不然。"

西山晴雪石碑

西山晴雪石碑位于香雾窟之北、梯云山馆之西的山岩间，下

西山晴雪石碑

有石栏。石碑阳面镌有乾隆御书"西山晴雪"四个大字；阴面刻弘历《西山晴雪》诗。西山晴雪作为燕山八景之一，始于金章宗明昌年间（1190—1196年），当时称"西山积雪"，元代改称"西山晴雪"，明代又称"西山霁雪"。那时这一景观泛指西山一带，并无确指固定地点。乾隆十六年（1751年）六月，弘历在《西山晴雪》诗前写有小序："西山峰岭层矗，不可殚名，因居京城右辅，故以西山概焉。高寒故易积雪，望如削玉。今构静宜园于香山，辄建标其岭志之。"西山晴雪碑立在静宜园内，以后世人皆指认此地为西山晴雪景区所在。

乾隆二十二年（1757年）仲冬，弘历第一次在西山晴雪碑前遇到下雪，他说："西山晴雪坊立于香山，今冬始遇真面目也。"随即吟出四首七绝，其一为："隔岁峰容傍岁阑，乘贮揭览不知寒。今来偏有相应处，积雪西山待我看。"

栖月崖

栖月崖为二十八景之一。弘历《栖月崖》诗序写道："玉华岫之北，宛而中隆，清旷衍夷，缀以闲馆。郦道元谓岭纡曦轩，峰驻月驾，斯崖有焉。"诗如下："秋夕溶溶际，春宵淡淡时。亭虚全约白，崖迥半含规。隐与环中契，悬应静里知。嫦娥余结习，到此几栖迟。"

栖月崖位于玉华岫之西山冈上。庭院内正殿为一座三楹殿堂，坐北朝南，殿外前檐向南悬乾隆御书"乐此山川佳"匾额。东配殿二楹为栖月崖。宫门石上向南刻红字"栖月崖"。栖月崖居于高山之巅，因"峰驻月驾，斯崖有焉"而取"栖月"之名，是乾隆帝赏月的地方。他曾多次在月明星稀的夜晚,或薄云遮月的朦胧月色中,在栖月崖赏月。

隔云钟

隔云钟为二十八景之一。为芙蓉坪东北之山峰上的一座方亭。亭东北有观音阁。隔云钟地处高峰,视野开阔,能听到远近寺庙传来的钟磬梵呗声。

静宜园中的社会活动

静宜园是乾隆帝在京西修建的一座御苑,他经常是连续驻跸数日,除去赏景休憩以外,还要处理朝廷政务,从事一系列的政治、军事、经济、宗教、文化等各方面的社会活动。这是作为大国皇帝生活的一部分,也显示了香山静宜园重要的社会历史和文化价值。

据统计:从乾隆十一年(1746年)后的五十年间,弘历来香山驻跸者,共为43年、74次,约220天。在弘历居帝位六十年岁月中,占有相当的比例。

重要的政治活动

日常政务活动。"游园不废政务",是乾隆帝游赏御苑和外出巡幸的基本原则，在静宜园也是一样。为继承皇祖和父皇的帝业，弘历仿效设勤政殿的做法，在香山也建了勤政殿，日常政务活动则多在致远斋进行。乾隆四十四年（1779年）四月底，弘历恭谒清西陵后从石景山来到香山。清晨到致远斋理事，打开大学士阿桂从荆江治水工地呈上的奏折，得知四月十九日午刻荆州风势甚大，十堡坝工又坍塌九丈，情况非常危急。阿桂正在荆江南岸组织民工抢修几道护岸和堵口的工事，大约到二十四日才能完成。弘历阅罢，对被灾的荆州非常担扰。他想："亦只能尽人力，以祈天佑，此外更无他法，倍切厪关怀。"这是弘历听到历史上从未遭过水淹的荆州城被灾以后，特派阿桂为钦差大臣前往荆州，"筹办毋致再被水灾之处"，以期"一劳永逸"。但阿桂报奏的却是又遇灾害的消息。

弘历转念一想，这致远斋里有忧也有喜，最近也还是好事不断的。于是挥笔写出一首《致远斋有会》：

香山敕政处，其名致远斋。
致远在慎近，九州一心怀。
即以远言之，所致亦广哉。
准夷及回部，仍雷万里开。
土尔扈归顺，久矣雁臣陪。
金川更报捷，屯种群番培。
西藏高行僧，兹复祝寿来。
自问得何修，无昵蒙优恢。
那更敢勤远，知足其言该。

弘历在诗中讲了三次已经取得的胜利和一件即将到来的喜事。一是西部边陲的准部和回部依次平定，拓地二万余里，大臣进驻其地，各部酋长受封奉职，巩固了西部的版图。二是土尔扈特蒙古汗王等，率属众前来归顺，授地安居，每年都来更番朝觐，与内札萨克蒙古无异。三是大小金川平定以后，在当地设镇安营，督率着从众耕屯乐业，达到绥靖安定。还有一桩行将到来的胜事，即西藏班禅额尔德尼，将于次年来京向乾隆帝祝贺七十万寿。这真是天赐优恢，令人十分满意了。

这是一天的实例。弘历就是这样，在静宜园处理着一件件具体的政事。

乾隆帝与班禅参加昭庙开光典礼。乾隆五十五年（1790年）八月十三日，一年以前，班禅额尔德尼即表示，要不惜跋涉万里来京城和承德向"文殊大皇帝"祝贺八十万寿。乾隆帝降下谕旨："西藏班禅额尔德尼预请祝觐，实属吉祥盛事，是以允其前来，即令于山庄瞻谒，俾从其便。"乾隆帝七旬庆典，在承德避暑山庄和京城圆明园、太和殿三处举行。这年七月，班禅一行到达承德，参拜了皇帝。弘历与班禅商谈解决了拖延多年未定的达赖喇嘛传承世系问题。九月十九日，乾隆帝与班禅一起参加了"宗镜大昭之庙"开光典礼。在开光仪式及洒花雨、跳金刚舞等结束以后，乾隆帝与班禅亲切交谈，讲经说法，极为融洽。此时天空突然出现异兆，原本晴空万里，霎时天降微雨。弘历十分高兴，以为是"散天花之喜"，便吟出"黄衣宣法雨，碧嶂散天花"，《昭庙六韵》遂即写成：

昭庙缘何建，神僧来自遐。

因教仿西卫，并以示中华。

是日当庆落，便途礼脱阇。

黄衣宣法雨，碧嶂散天花。

六度期群度，三车演妙车。

雪山和震旦，一例普麻嘉。

此诗被镌刻在一座"工"字形石碑上，立在都罡殿后的天井中。石碑通高 5.2 米，碑四面镌刻用汉、满、蒙、藏四体诗文，诗后署"乾隆庚子季秋之月中浣御笔"，钤"古稀天子之宝"等印章。

十月初三日，乾隆帝在保和殿赏班禅额尔德尼一行筵宴。

但不幸的是班禅在京期间身患重病，于十一月初二日在黄寺示寂。

第二年二月十三日，班禅额尼德尼舍利金龛将归后藏。弘历于十一日去黄寺拈香，并感慨地写道："班禅额尔德尼以去年七月二十一日至避暑山庄，十一月初二日示寂，屈指正及百日；自示寂至今岁二月十三日发引又恰为百日，是中因缘亦不可思议。"

乾隆四十六年（1781 年）夏，弘历重访承德须弥福寿之庙。前一年班禅在此庙居住时，曾将其高弟罗卜藏顿珠布带领班弟二十人，在此住持传习后藏经律。弘历命派遣当地一百八十名喇嘛随从学习。一年后这些喇嘛对后藏经律已经相当娴熟。弘历高兴地说："虽班禅示寂，而宣扬黄教经律长存，实亦去来如也。"

班禅额尔德尼在乾隆四十五年（1780 年）来京为乾隆帝祝贺八十万寿，在承德和香山静宜园与弘历亲切交往，解决了西藏内部的重要政治问题，留下了中华各民族团结和睦的佳话，是永远值得回忆和纪念的。

香山三班九老会。乾隆二十六年（1761年），恭逢弘历生母崇庆皇太后七旬大寿，在祝寿人群中邀请了很多老人，弘历从在朝王大臣和武职大臣以及致仕大臣中，各选七十岁以上的九位老人，赐游香山静宜园，并请画院名家作图以志纪念。邀请大臣集体赐游皇苑，这是从未有过的皇帝恩赐，使受赏者感到终生荣光。

受赐游宴香山的第一班在朝王大臣九人，共有677岁。他们是：履亲王允祹年77岁，显亲王衍璜71岁，大学士来保82岁，大学士史贻直81岁，吏部尚书傅森76岁，工部尚书归宣光71岁，吏部侍郎勒尔森71岁，礼部侍郎何国宗75岁，左副都御史张开泰73岁。

第二班，在朝武职九人，共有722岁。他们是：内大臣博尔本察77岁，将军清保72岁，护军统领保平76岁，散秩大臣巴海73岁，散秩大臣葛尔锡77岁，古北口提督吴进义84岁，副都统职衔班第81岁，副都统职衔黑色92岁，副都统职衔集成90岁。

第三班，致仕大臣九人，共有704岁。他们是：礼部侍郎加尚书衔沈德潜89岁，左都御史吴拜78岁，左都御史木和林84岁，吏部侍郎德龄74岁，刑部侍郎钱陈群76岁，工部侍郎范灿82岁，内阁学士邹一桂76岁，副都统李世倬75岁，三品职衔多伦70岁。

弘历为三班老人每班各写一首诗，充分肯定他们的崇高地位和阵营之强大，香山的三班九老，不仅致仕老人都曾是朝廷栋梁且学富五车，致仕后的生活，是"烟霞供养得真趣，药合和调那浪求"。在朝九位王大臣中，不仅有两位亲王，还有两位康熙朝的老臣。履新王允祹是玄烨第十二子；显亲王衍璜是皇太极的四代孙；大学士来保和史贻直是康熙旧臣，都已年逾八秩，其地位和荣遇岂是宋代耆英会的富弼、文彦博之列所能相比？香山九老会的武职大臣，都是些驰骋沙场、功盖当世的武将，"据鞍矍铄宁当代"；而宋代耆英会中曾任武职的只有冯行己一人。这三班九老共有 2103 岁，"廿七人余二千岁，启祥七秩序添筹"。香山三班九老的阵容是无比的强大。这更显示出皇太后七十寿辰庆典活动的隆重和热烈。

香山三班九老赐赏游宴静宜园以后，弘历依白居易香山九老会之诗韵，写成一首《命九老等游香山再题以句用白居易诗韵》：

<pre>
九老作朋总廿七，皤颠华发映髭须。
庙堂未免拘仪度，泉石特教恣燕娱。
丹陛暂辞心肯忘，玉关归后气犹粗。
听松只合鸾杯举，陟巘宁须鸠杖扶。
一例香山南让北，千秋群彦画成图。
如今拟问白居易，似尔当年少欠无？
</pre>

为留作永久纪念，乾隆帝嘱咐画院将香山九老盛会绘制成图，永存内府。这幅《香山九老图》由弘历之堂弟弘昕绘成。

乾隆三十六年（1771 年），按照乾隆帝"十年一举盛会"的谕旨，举办盛大的圣母皇太后八旬万寿庆祝活动。依例再次举行"香山九老会"。乾隆四十二年（1777 年）崇庆皇太后去世，香山三班九老会也停止了。

重大军事活动

建立香山健锐营。乾隆帝在乾隆十四年（1749年）建立了香山健锐营。其建立与平定大小金川之役有直接关系。

乾隆帝派遣傅恒为经略，率领云梯兵去征讨金川土司莎罗奔。莎罗奔请罪乞降。云梯兵从金川得胜返京后，乾隆帝决定建立一支特种兵部队，命名为健锐云梯营。营址就选择在香山。这是因为，香山原为云梯兵的训练基地，这里可以远避市衢尘嚣，免除干扰。健锐营营房按既定的次序和方位，两翼各旗在实胜寺南北两侧依次排开。左翼四旗的位置是：镶黄旗建在佟峪村西，正白旗在公车府西，镶白旗在小府西，正蓝旗在道公府西。右翼四旗的位置

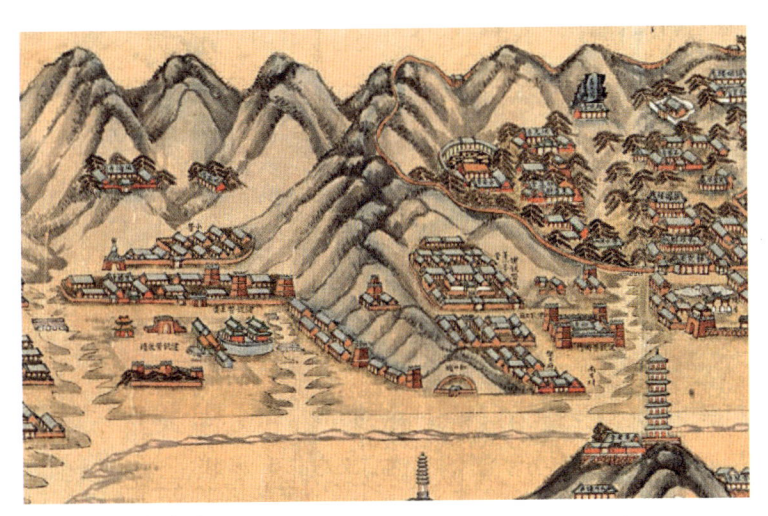

西山健锐营分布图

是：正黄旗在永安村西，正红旗在梵香寺东，镶红旗在宝相寺南，镶蓝旗在镶红旗南。八旗印房建在静宜园大宫门前南侧正黄旗界内，砖砌围墙四角建有四座碉楼，有房二十二楹。八旗的一切行政事务，如人丁、户口、钱粮、公文等事，都归印房总管。各旗除建有官兵住房外，还建有档房、官学、关帝庙、马厩以及教场等。八座旗营，自成一体，营盘均有虎皮石围墙为界，四面设门，昼启夜闭。既是兵营，又是民居，与邻近的汉民村是风格迥异的"村"。香山健锐营八旗营房，总共 3532 间。

香山健锐营还有两处特殊的营房：水师营和番子营。水师营是由福建召集来的青年水手组成的水上部队，他们在昆明湖操练和接受检阅。番子营是由在金川战役中投降和俘虏的八十余名男女民众组建的，他们大多有娴熟的建筑技术，而且能歌善舞。番子营建在实胜寺西北山腰平台上，营盘坐北朝南，分排修建，四周建虎皮石围墙。

训练和阅兵。为了训练和检阅健锐营官兵，弘历降旨在实胜寺前建造团城阅武楼一组建筑群。团城高十余米，用灰色的城砖砌成，南北辟两座拱券形城门。北门外有护城河和汉白玉石桥。门洞上方嵌有汉白玉石题额："志喻金汤"，南门的额题为"威宣壁垒"，皆乾隆御书。整座城池呈椭圆形。北门内东西两侧有马道直通城墙上边。城墙顶端宽约五米，青砖墁地，外边缘设有雉堞。两座城门上方建起两座城楼，即阅武楼，也叫得胜楼，为绿琉璃瓦顶歇山重檐式建筑，檐下装饰有斗拱，面阔五楹。北城楼内置一通《御制实胜寺后记》卧碑。站在南门城楼，眼前一片开阔的广场，这是阅兵的地方。

出团城南门，有一座五楹敞厅式建筑，就是演武厅，重檐歇山顶，绿琉璃瓦黄剪边，带有抱厦。演武厅有一幅醒目的御书楹联："镶正各四营分作鱼腹八阵，红旗开两面列成虎贲三千。"厅前为汉白玉石砌成的宽大的月台。左右各有三楹配殿是为朝房。这就是乾隆帝检阅健锐云梯营官兵演武的地方。

演武厅前边的广场是操练场、跑马场、阅兵场。广场南端建有一座半圆形红色跑马城。广场西侧有一座四米高的石碉楼，楼下有可通车马的券门，这就是阅兵时指挥演练的发令台。

香山健锐营的军事操练，既演练攀登云梯攻碉的本领，也练习马步射、鸟枪、骑马、舞刀、水战等各种军事技术。每天训练何种武艺，都有固定的日程安排。每月逢四、九日，习云梯、大队、三枪；逢三、七日，演善扑、过马、骗马、三枪、舞鞭、舞刀、射箭；逢一、六日，各于本旗校马、步射、放枪；逢三、五、八、十日，在昆明湖演习水操。春二月、秋八月，则操练鸟枪，每月演练十二天。每年春秋举行两次阅操。阅操之日，城头、广场彩旗飘扬，锣鼓齐鸣，八旗勇士弓上弦、刀出鞘、人披甲、马备鞍。只等信炮一响，先是演习马阵、单骑献技，继而是马步射箭和云梯攻碉演练，还有摔跤、举重、叠罗汉等比赛和表演。水操演习则在昆明湖举行。每次大阅时，由健锐营抽调350人组成左翼队，与外火器营组成的右翼队驰马交锋，再辅以其他演练。有时在阅兵前还由番子营演出民族歌舞节目。

乾隆帝在驻跸静宜园时，多次到御苑门外的演武厅前观看健锐营八旗官兵的军事演练，并举行正式的阅兵仪式。弘历大约近三十次亲临阅兵。他每次前来途中必是骑马而不乘轿，检阅以前要亲自挽弓搭箭做示范操演。有一次，正好有寿春镇总兵袁敏和重庆镇总兵马振国来香山觐见皇上，弘历便把二位武将带到演武场，命他们当场试射，当众考察他们是否经常演练兵技。弘历自从乾隆二十四年（1759年）手臂患病以后，即不能挽弓步射了，他常为此感到愧惶。他写道："向年每阅武时，必先亲射以示观法。自庚寅臂病后，步射艰于持满命中，每引为愧。"

乾隆帝在阅武之后，经常给八旗官兵以鼓励和奖励，每次必发奖金，有时还要赐食和赏观歌舞表演。弘历说："香山地远京城，健锐营列武萃处，无外诱习气，故能操练精熟。每驻跸此地，必亲临阅视，分别颁赏，其中技勇超众者，加倍恩赉，以示鼓励。"每年来此都要奖励，不只为鼓励八旗勇士加紧练兵，精于军事技术，弘历还有另一层含意，即有助于提高旗人的生活水平。

几件宗教活动

乾隆帝驻跸静宜园期间，经常到香山周围的寺庙游览，重修了一些著名庙宇；由于某种需要，也改建和新建了一些寺宇。这些寺庙都归静宜园管理，连修缮费用也由此统一拨发。他常去这些寺庙瞻礼观光，与一些著名僧人有很多交往，留下几十首诗篇，记载着一些史实，记录下了乾隆帝的行踪。

重修和改建重要寺宇。十方普觉寺，初建于唐贞观年间，名兜率寺；元英宗扩建为寿安山寺；元代至治元年（1321年）冶铜五十万斤铸成卧佛铜像，俗称卧佛寺。清雍正年间重修，赐名十方普觉寺。乾隆帝即位后，曾多次莅临卧佛寺。乾隆四十八年（1783年）重修卧佛寺，新建了寺前的琉璃牌楼，改建寺庙西路行宫院。后在三世佛殿前竖起一通御制诗碑。在卧佛寺前，有一条长长的古柏成行的坡道，坡道尽头是山门外的广场，广场北部月牙河畔耸立起一座四柱三间七楼的五彩琉璃牌坊。须弥座、夹杆石和拱门为汉白玉石雕刻，柱间隔以红墙，单檐歇山黄琉璃瓦顶，两侧次楼匾上镶有琉璃拼砌的二龙戏珠图案。牌楼正中石匾上，两面分别镌刻着乾隆御书白地红字"同参密藏"和"具足精严"。牌楼气派宏伟，色彩艳丽，造型优美，气势逼人。人们一到庙门便能体验到十方普觉寺这座皇家寺院的雄伟与辉煌。

卧佛寺建筑平面示意图

行宫院在卧佛寺西路，与东路方丈院处于对称的位置。这是一座四进院落。一进院为水泉院，迎门是一座高大的叠石山峦。二进院为一行宫院。三进院为二行宫院，为皇帝休憩之所。四进院为三行宫院，北端有五楹宽阔的殿堂，名古意轩。轩前庭院是一方形大水池，池西岸是一带长42米的十六间长廊。

三行宫院西方和北方并未封闭，与游廊外的园林区连为一体。寿安山的陡立峭壁，大盘石下的玉莲池，苍松翠柏掩映下的万松亭，山坡下那片北国仅有的郁郁竹林，似乎都成为行宫院的组成部分，显示着卧佛寺肃穆的佛教殿堂与建筑宫廷化和布局园林化的巧妙结合。

卧佛寺以外，香山西南边平坡山的香界寺，也是乾隆帝重修的一座重要寺宇。此寺始建于唐乾元年间，名大觉寺。清康熙

20世纪80年代的行宫院

十七年（1678年）重加修葺，更名圣感寺。乾隆十三年（1748年），弘历驻跸静宜园期间南游平坡山，见"西山岩壑幽邃，峰岫环映，林泉烟霭，随处具有佳致。精蓝梵宇，远近相望，皆足为名山增胜概"。皇祖玄烨重修的圣感寺即在其中。而此寺已几十年未修，丹青剥落，庭宇荒寂，弘历当即传谕拨内帑重修。当年即修建成五进殿堂、三路院落的煌煌巨刹。东路建成行宫院，寺名改为"香界"。弘历为山门殿御书"敕建香界寺"匾额，并撰写《御制香界寺碑文》，镌刻在"圣祖御制圣感寺碑"的阴面。

乾隆帝在香山南侧万安山下，先建成了实胜寺，继续改建新修了梵香寺、宝谛寺和宝相寺等佛寺，也成为驻跸静宜园时多次游览的地点。

梵香寺位于演武厅南一里，是乾隆十四年（1749年）在原永感庵基础上改建而成。殿堂三进，正殿前立御碑两通，分别用满、蒙、汉、梵四种文字镌刻《御制梵香寺碑文》。寺旁松桧数百株。中建石敞厅，门额为"来远斋"，斋内额为"策功缵武"。石柱楹联为："指云际千峰兴怀蜀道；听松间万籁顿如梵天"。来远斋后有五楹含清斋。

宝谛寺，在梵香寺西南，万安山半山腰，始建于乾隆十六年（1751年）。寺庙建筑和周围环境都仿效五台山的菩萨顶。乾隆帝对文殊菩萨居住的灵鹫峰上的菩萨顶情有独钟，六巡五台山都是驻在此庙。他也很喜爱此寺"云标楼阁丹青焕，雪霁林峦雾霭浓"的自然环境。弘历在二访五台山的第二年，即乾隆十六年，便在万安山仿建了这座皇家喇嘛庙。

宝相寺，位于宝谛寺之西，乾隆二十七年（1762年）春始建。在前一年，值圣母皇太后七旬大寿，弘历奉母到五台山祝厘。瞻礼殊像寺时，见文殊菩萨"妙相端严，光耀香界，默识以归"。归来后心追手摹，又系以赞词，便想在香山南建庙勒碑。于是出内府金钱，开工修建。到乾隆三十二年春建成，赐名宝相寺。宝相亭主殿为一座琉璃砖瓦和汉白玉石建成的无梁殿，崇广宏丽而不施榱桷。殿前悬乾隆御书"旭华之阁"匾额。殿内两通御碑：左碑镌刻乾隆二十六年御写五台殊像寺文殊像并赞，碑阴勒乾隆三十二年撰《御制宝相寺落成瞻礼因用辛巳五台殊像寺韵二首》诗；右碑为乾隆二十七年《御制宝相寺碑文》。

问农观稼和祈雨

乾隆帝在《静宜园记》中清楚地写明：问农观稼是建园的重要原因之一。他写道："山居望远村平畴，耕者，耘者，馌者，获者，敛者，历历在目。杏花菖叶，足以验时令而备农经也。"弘历往来于御园与香山之间，每次必会经过青龙桥西和玉泉山西这块广袤的农田，给他了解和观察农业生产情况的好机会。他每到此地必有观农诗作。如乾隆六十年（1795年）四月初，弘历接到直隶总督奏报今年风调雨顺，春麦收成可望九成有余，夏稔可期，大田禾黍也耕种齐全，秋成有望。弘历"深为农民志幸"。他于四月十三日前往香山途中，见青龙桥秧苗已出水三四寸，而往年五月才开始插秧。看到"簇簇稻秧争发长，森森麦穗待成坚"，便写成《游香山出御园门见水田稻秧已长欣然有作》一诗。轻舆穿过玉泉山麓，又是一番风翻叠浪、无麦不菁的喜人景象。便又写一首《玉泉山北》："高低无麦不菁葱，含气结浆远近同。露润晶晶辉晓日，浪翻叠叠度轻风。岂非来往寻常路，却异忧欣方寸中。独异师贞临寇穴，捷音望至旦明中。"登上香山以后，在《静宜园即事》诗注中，仍然盼望继续有喜雨降下："去岁春间，虽屡次得雨，总未优沾。自四月初五及初九两日共得两三寸，麦田略获沾润，秋禾亦渐次布种，然当驻此时犹日望继泽也。"

弘历有重阳节香山登高的惯例。登高望远也常常是为农业的丰歉所萦怀。乾隆五十七年（1792年）重阳节，弘历写成《重阳日香山静宜园即事》诗："复如庚戌度重阳，旋跸早缘塞外凉。宜是目前见秋稔，静因心契驻山香。引诗东望寥而廓，入画西临丹与苍。然岂近怡遂忽远，民间南府刻难忘。"南府指的是畿南河间等府遭遇旱灾的地区。虽已拨帑发仓，令地方官妥为赈恤，而灾民是否免于饥寒，还是令人十分挂念。

第二年重阳节，弘历又登香山，畿南河间一带风调雨顺，庄稼丰收。弘历在《重阳日幸香山静宜园即事叠去岁诗韵》的结句写道："所幸甚于壬子者，有收民气昨全忘"，诗注为："去年畿南保定、天津、河间等府以被灾歉收。今年雨旸时若，夏麦秋禾俱获上稔，市间粮价顿平，已复恬熙之象矣。"

乾隆五十九年（1794年）九月初九日，弘历《幸香山静宜园即事再叠壬子诗韵》的诗注中写道："前岁壬子，直隶以旱歉收。去年雨旸时若，秋收竟获十分，方幸民气可复。而今秋又复被水，虽叠次加恩拯救，较之往岁偶遇灾歉赈恤蠲免倍觉尽心。惟是天津、河间等处，是否水涝全涸，小民播种冬麦曾否齐全，究难释念。"

乾隆六十年（1795年），弘历连续登上香山。虽然登高揽胜是为畅怀解闷，但是农事和战事萦怀，愁情难释。他在《重阳日香山静宜园即事三叠壬子诗韵》诗注中说："壬子、癸酉、甲寅前三年中旱涝不齐，较雨量晴，殷心农务。今岁当称时若，而近日又当播种秋麦，又微觉望雨。然届立冬尚有半月余，为时犹属可待。"他还说："今年春夏秋三莅香山，总以盼望葳绩，时切闷怀。虽山景随时异趣，无心畅情登览。"

这就是弘历连续四年在香山度重阳节的观感。以此证之，说明修建静宜园是为了问农观稼之论不虚。既能看到香山脚下农业生产情况，又联想到京畿以至全国的丰歉实情，弘历"重农兴穑"的立国思想在这里也得到了充分的体现。

香山朝阳洞供有龙神像。弘历在乾隆五十年（1785年）四月十一日驻跸香山，即上山祈雨。他在《朝阳洞》诗中写道："洞中塑天龙，雨旸所司统。致拜祈甘泽，继润佑农种。"等他十五日回到圆明园后，第二天果然降了雨："过午云容重，人宵雨脚垂。……间彻五更久，报称三寸滋。"

乾隆五十一年，弘历又到朝阳洞祈雨。他说："洞中供龙神，祈雨辄应。"去年祈雨，等到十六日才降雨。今年又来祈请，希望能早沛甘膏，不要等到望日以后才降雨，仍然像去年那样。弘历又写成一首《朝阳洞》诗："像设龙神石洞中，拜祈膏雨尽虔衷。望空恐似去年例，惭愧依然今岁同。"

恐怕弘历也明白,世上并无龙神,但祈雨的行动表明了人们的渴求和愿望。

文艺创作和文化活动

乾隆帝在静宜园内有很多属于文化性质的活动,撰文写诗是很重要的一项,还有很多书法绘画活动。他还经常读书,欣赏文学作品和各类艺术品,并与一些艺术家和音乐演奏家交往频繁。弘历在香山参与的文化活动可谓丰富多彩,证明他不仅是一位文化鉴赏家,还是一位多产诗人和优秀著作家。

撰写文章和诗歌及艺术创作。弘历在静宜园撰写的文章,除去谕旨等不计,全是记述修建寺庙的碑文,并镌刻成石碑竖立在各座庙宇内,成为西山人文景观的组成部分和宝贵的历史文化遗产。共有八篇文章:静宜园记、碧云寺碑文、金刚宝座塔碑文、实胜寺碑记、实胜寺后记、梵香寺碑文、宝相寺碑文、香界寺碑文。这些碑文记载了香山西山重要寺庙修建、重建的历史及其沿革,对后人认识西山景观的历史文化内涵,提供了真实可靠的第一手材料。特别是静宜园及相关建筑遭自然损坏和人为破坏后,更显示出这些碑刻的重要性和珍贵价值。

弘历撰写了大量关于香山静宜园的诗。他在乾隆五十九年(1794年)写的《题致远斋》中,有"五十余年此,数千百首成"的诗句,诗注说:"园中楼馆轩亭、峰岩溪涧及佛殿琳宫,随处结构皆成胜境。每来问景探奇,率多吟咏,积数十年得诗已有一千三百余首。而日涉成趣，觉佳兴正未有艾也。"即到此时，已经八十二岁的弘历，诗兴仍很旺盛，还要写下去。弘历从乾隆八年（1743年）写出《初游香山作》，到嘉庆二年（1797年）写完最后一首香山诗《香山回跸御园之作》，总共写了1338首香山诗，与他所说的"一千三百余首"之数相符。

弘历非常喜爱香山静宜园很有特色的山地园林景观。他说："向来每至香山，遇佳处无不留句。"他在不少诗篇中记载了写香山诗的情况。"三日驻山诗卅首，邈然清意寄斯轩"，这是《清寄轩》中的诗句，说他在乾隆二十六年（1761年）首夏游园三日，共写诗四十首。弘历还在《香山旋跸于玉泉山静明园传膳视事作》诗中写道："五日香山小豫游，几曾解闷只增愁。便宜六十篇新咏，亦未万几政久留。"诗注说："自十一日驻跸香山，五日得诗凡六十七首，云六十篇，举成数也。"这是弘历在乾隆五十年四月十一日至十五日游香山写诗的情况。

弘历的千首香山诗，为人们留下静宜园繁盛时期的基本面貌以及建园经过、景观命名缘由、弘历的游览状况和社会活动，成为研究静宜园和乾隆历史的重要的第一手资料，具有不可替代的欣赏价值和史料价值。

弘历为园内的殿阁亭轩等建筑物上，御笔题写了无数匾额楹联，共有89件。弘历御笔镌刻在石碑、山石上的碑文、诗、匾额、楹联等，共有34件。这可能是很不完全的统计。

清代以后的静宜园

乾隆帝于嘉庆四年（1799年）正月初三日去世。香山静宜园也结束了它最兴盛辉煌的时期。嘉庆、道光、咸丰三朝，虽然还保持着皇帝住在圆明园时的"散志澄怀"御苑的功能，但随着清王朝国势的日渐衰落，几代皇帝临幸静宜园的兴趣逐渐淡漠，次数也越来越少了。清文宗奕詝在咸丰二年（1852年）九月，还从圆明园临幸香山静宜园，在香山度过重阳节，又在演武厅检阅了健锐营八旗官兵的军事操演。

19世纪50年代，清朝统治者陷入内外交困的艰难境地。太平天国的北伐军，在咸丰三年（1853年）秋挺进到保定附近，直接威胁到北京城的安全，引起最高统治者的极度恐惧和震惊。而英法侵略者为了获得在华更多的殖民特权，又发动了第二次鸦片战争。咸丰十年八月二十二日（1860年10月6日），英法联军侵占并焚毁圆明园。九月初五、初六两日，侵略军继续焚烧和劫掠圆明园，又西去焚毁清漪园、静明园和静宜园，三山五园的几百组建筑群被焚毁，数十万件陈设珍宝和文物典籍被抢劫捣毁。据内务府奏案记载，香山静宜园各座殿宇中实存陈设42672件。清漪、静明二园合计陈设也有近九万件。这价值连城的中国国宝，在这场罪恶的焚掠中丧失殆尽。香山静宜园也被焚烧劫掠一空。

光绪二十六年（1900年）八国联军入侵北京。颐和园和周围园林又经历了一次劫难。此时的香山静宜园，除去一些砖石建筑和山高隐蔽处的殿堂亭宇躲过侵略魔爪，侥幸留存以外，已经找不到完整的建筑物了。

民国年间，香山静宜园内的古树名木遭人盗伐，园内的风景区大都被达官贵人、军阀巨商乱建私人别墅。园内也曾办过静宜女校和香山慈幼院。碧云寺内曾办过中法大学和西山中学。民国三十五年（1946年）静宜园曾作为公园对游人开放。民国十四年四月，孙中山灵柩移置碧云寺，十八年五月移灵南京，后建成孙中山先生衣冠冢。1949年3月，毛泽东主席和中共中央进驻香山，数月后移驻中南海。

中华人民共和国成立后，经过整修重建和新建，1957年5月1日，在原来静宜园旧基上建设起来的"香山公园"正式对游人开放。如今的香山公园，已成为广大群众踏春观花，消夏避暑，金秋登高看红叶，隆冬山野赏雪景，以及进行革命传统教育和爱国主义教育的旅游胜地。它不再是皇帝一人独享的封闭禁苑，而是变成中国人和国际友人强心健身的自然生态花园。

后　记

我在 1958 年调到海淀区机关工作，一直到离休后，又在 2004 年纂修完《海淀区志》，就没调离区机关大门。我在几十年的工作中，经常出入"三山五园"的园址，在园中举办各种政治和文化体育活动。我在当年的海淀公社机关即畅春园旧址居住和工作了一年，我们在颐和园组织五一和国庆群众游园活动，我们在静宜园举办登山比赛，在紫竹院公园举办科技灯会，在圆明园组织以爱国主义为主题的少年先锋队的大队会等等。我在做文化文物工作时，到每一处文物保护单位去调查研究，并注意阅读有关三山五园的文章和书籍。在纂修《海淀区志》后，进一步认识到三山五园在海淀区和北京市历史文化中占有十分重要的地位。

当我阅读了大量有关京西园林的文章和书籍后，觉得有一些重要问题要弄清楚，应当挖掘新材料，对研究中的一些空白、薄弱方面和存在争议的问题应进行深入的讨论，以推动三山五园的研究走向深入，取得新成果。

我有机会在国家图书馆阅读了几千件清代样式雷图文档案史料。那一张张园林画样，使我们可以清楚地看到每一座园林的整体布局、单体建筑的形式和体量以及山水景观分布等等。即使施工图纸上的几个小字的标注，也可能引证出一段园林的历史。样式雷画样和施工记录等图文档案是研究和认识三山五园的最准确最可靠最有价值的资料。

我认为弘历的诗文也具有相似的功能和价值。弘历多年居住、生活和工作在北京西郊御园，他写了几千首京西园林和山河村寺的诗和几十篇文章，对于西郊皇家园林的规划设计思想、园林布局、景观特色和命名缘由以及游览的感受等，都有真实准确的记载和描述。弘历诗文是打开认识三山五园之门的一把钥匙。其他园林主人的诗文也是认识京西皇家赐园和私家园林不可缺少的重要依据。例如不读张廷玉和驻园翰林们的诗文，就无法了解澄怀园的真实面貌及其历史价值。

我在国家图书馆、国家科学图书馆、首都图书馆、北京市档案馆、海淀区图书馆档案馆等单位支持下，阅读了大量相关的历史文献、各类著作和图像资料，对正确认识三山五园的历史真相及沿革给予很大的帮助。颐和园、香山公园、圆明园、紫竹院公园、钓鱼台国宾馆、北京艺术馆、石刻艺术博物馆、北京大学、清华大学以及其他园林旧址单位的专业人员和领导同志，引领我进行实地考察，详细讲解，释疑解惑，丰富了我对各家园林的知识和深入具体的认识，也纠正了我的一些错误看法。他们都是对我进行现场教学的指导教师。

我的很多领导、专家学者、朋友和同好，多年来一直关心并支持我对三山五园和北京历史文化的研究。段柄仁、彭兴业、陈名杰、王灿炽、岳升阳等对我的微小进步不断给予肯定，并为我的书稿撰写序言予以鼓励。易海云、卫汉青、张恩荫、张有信、常华、王铭珍、苗日新、郭黛姮、陆锡泰、白鸿叶、王炜、耿刘同、谷媛、樊志宾等同志，为我提供各类珍贵资料和历史典籍，指导我的研究工作，与我讨论不解的难题，校正我对园林的认识。王珍明、许云、周玉鑫、胥天寿、周勇、叶亮清、董建中、张东旭、陈跃年、严文珊、陈芳、向华、王和利、史久膏等同志，策划和支持我的写作和文稿的抄写、复印、编辑和出版，提供图像、照片、地图等影象资料，做了很多具体的重要的工作。有了上述众多领导、专家和文友的支持和帮助，我才能在三山五园的研究工作中取得一些进展。本书的编辑、修改和出版得到了谭烈飞、于虹、王岩等同志的悉心指导和多方帮助，我对所有给予我帮助的单位、领导、专家和朋友们表示衷心地感谢。我对三山五园的认识还是初步的，很不深刻，肯定会存在不少问题以至错误，敬请专家和读者不吝赐教。

张宝章
2017 年 11 月